日記から　50人、50の「その時」　目次

社会の変動を鋭く感知
夏目漱石 明治四十二（一九〇九）年四月九日 12
「人間の裸の顔」という劇
三島由紀夫 昭和三十四（一九五九）年四月十日 15
快進撃の中のB25来襲
青野季吉 昭和十七（一九四二）年四月十八日 18
「新人類」の不条理小説
志賀直哉 明治四十三（一九一〇）年四月二十四日 21
流血の惨事になった「お祭」
野上彌生子 昭和二十七（一九五二）年五月一日 24
老文学者が迷った末に……
森田草平 昭和二十三（一九四八）年五月十日 27
変革の時代、真摯に走って
高野悦子 昭和四十四（一九六九）年五月十三日 30

空襲下で書いた信仰論
柳田國男 昭和二十（一九四五）年五月二十三日 33
消息を絶った小林秀雄
中島健蔵 昭和三（一九二八）年五月二十八日 36
北へ西へ流離漂泊の旅
山田風太郎 昭和二十（一九四五）年六月五日 39
ハガティ事件にみた「醜さ」
江藤淳 昭和三十五（一九六〇）年六月十日 42
遠く離れていった桜桃忌
木山捷平 昭和二十四（一九四九）年六月十八日 45
自信失わせた「太陽の季節」
阿部昭 昭和三十（一九五五）年六月二十一日 48
大辞典を「冥土の土産」に
尾崎紅葉 明治三十六（一九〇三）年六月三十日 51

戦局への関心と「書き方」
伊藤整 昭和十九（一九四四）年七月十日 54

退学青年の「我々の時代」
大宅壮一 大正六（一九一七）年七月二十一日 57

江の島にいた「60年の若者」
浮谷東次郎 昭和三十五（一九六〇）年七月二十七日 60

「日本の文学」をめぐる事件
高見順 昭和三十八（一九六三）年七月三十日 63

東京音頭をめぐる世代差
森銑三 昭和八（一九三三）年八月三日 66

身近に触れた「時局の流れ」
神谷美恵子 昭和二十（一九四五）年八月十二日 69

終戦直後の「皇軍」の混乱
大佛次郎 昭和二十（一九四五）年八月二十日 72

官業精神と初の「空の旅」
竹内好　昭和三十七（一九六二）年八月二十六日　75
震災の不安心理とデマ
岸田劉生　大正十二（一九二三）年九月一日　78
殉死への「当世風」の反応
内田魯庵　大正元（一九一二）年九月十四日　81
戦中派の複雑な天皇観
山口瞳　昭和六十三（一九八八）年九月十八日　84
最後の夏の不思議な記録
武田百合子　昭和五十一（一九七六）年九月二十一日　87
「革命と反体制」への関心
大岡昇平　昭和五十五（一九八〇）年十月四日　90
東京五輪でテレビ漬けに
吉野秀雄　昭和三十九（一九六四）年十月十日　93

文化シーンに躍り出る
植草甚一　昭和四十五（一九七〇）年十月十九日　96

異郷で知る「戦局」の行方
徳永康元　昭和十五（一九四〇）年十月二十四日　99

上京に求めた「希望の影」
石川啄木　明治三十五（一九〇二）年十月三十日　102

私小説家のテレビ出演
外村繁　昭和三十五（一九六〇）年十一月九日　105

生活のため本を売る算段
黒田三郎　昭和二十三（一九四八）年十一月十日　108

「心の不安」と過去への態度
内田百閒　大正六（一九一七）年十一月二十三日　111

三島事件への複雑な感想
佐藤榮作　昭和四十五（一九七〇）年十一月二十五日　114

開戦に際会した反戦作家
秋田雨雀 昭和十六（一九四一）年十二月四日 117

巣鴨での日々と「義憤」
笹川良一 昭和二十（一九四五）年十二月十一日 120

レジスト青年の就職試験
深代惇郎 昭和二十七（一九五二）年十二月十四日 123

総合雑誌黄金時代の年末
木佐木勝 大正八（一九一九）年十二月二十五日 126

ドサ廻りの旅先での正月
古川ロッパ 昭和二十三（一九四八）年一月八日 129

大震災後の余震と流言
岡本綺堂 大正十三（一九二四）年一月十五日 132

郊外への移住、そして散歩
遠藤周作 昭和四十五（一九七〇）年一月二十五日 135

カフェで飲んだ本格「珈琲」
小泉信三 明治四十五（一九一二）年二月一日 138

虚無的「革命」の中の知識人
中井英夫 昭和二十一（一九四六）年二月四日 141

帝国憲法発布の日の暗殺
依田學海 明治二十二（一八八九）年二月十一日 144

海軍病院の日常と硫黄島
野口冨士男 昭和二十（一九四五）年二月十五日 147

浅草通いから「カツ丼」へ
永井荷風 昭和三十四（一九五九）年三月一日 150

大空襲という「世紀の喜劇」
添田知道 昭和二十（一九四五）年三月十二日 153

神社統廃合が損なったもの
南方熊楠 明治四十三（一九一〇）年三月十九日 156

文学青年から受けた刺激
樋口一葉　明治二十六（一八九三）年三月二十五日　159
荷風とロッパの「2・26」――連載を終えて　162

日記から　50人、50の「その時」

社会の変動を鋭く感知

夏目漱石

明治四十二（一九〇九）年四月九日

大阪へ小説を書く約束あり。もう書き始めねばならぬと思ふ。一向始める気色なし。自分でも分らず。『漱石全集　第二十巻』（岩波書店）

小説執筆に専念するために夏目漱石が東京帝大と一高の教職を辞し、朝日新聞に入社したのは明治四十（一九〇七）年四月のことである。

つまりこの年（明治四十二年）彼は朝日新聞に入社して三年目の春を迎えていた。その間に彼は『虞美人草』をはじめとする三作の長篇《ちようへん》小説と多くの短篇小説や評論を発表していた。

「大阪へ小説を書く約束あり」の、「大阪」という部分には注釈がいる。

当時朝日新聞は東京と大阪に分かれ、それぞれ独立した紙面作りで、もともと漱石は大阪朝日の鳥居素川から声をかけられたのち、続いて誘われた東京朝日の池辺三山に「意気を感じて」東京朝日に入社した経緯があったので大阪朝日に対して義理を感じていた。例えば短篇「文鳥」や随筆「京に着ける夕」などは大阪朝日のためだけに書かれたものだ。

そして漱石は『三四郎』（明治四十一年九月―十二月）に続く長篇小説の依頼を大阪朝日から受けたのである。

「一向始める気色なし。自分でも分らず」と書いた一週間後、四月十六日の日記で漱石は、「晩に小説を少し考へる。別段まとまらぬうちに寝て仕舞《しま》ふ」と書く。それが少し動きはじめるのは四月二十四日土曜日のことだ。「無上の好天気。朝起少々小説を考へる。何だか書けさうな気がした所であまり天気が好いので散歩に出たくなる」

この小説とは同年六月二十七日から東京・大阪朝日新聞に同時連載された『それから』のことである。

ところで、小説の考えがまとまらない内に寝てしまった四月十六日の日記にこういう一節がある。「日糖会社破綻《はたん》。重役拘引《こういん》、代議士拘引。天下に拘引になる資格のないものは人間になる資格のない様なものぢやないかしらん」。この日糖事件とは当時新聞を連日のように騒がせていた大疑獄事件であるが、漱石の日記にあるように、多くの関係者が拘引、召喚され、大日本製糖社長の酒匂《さかわ》常明はピストル自殺を遂げた。

長篇小説『それから』は帝大を出たものの就職することなく暮らす「高等遊民」の長井

代助が、「あゝ動く。世の中が動く」という台詞《せりふ》と共に自らも動き出して行くまでを描いた傑作だが、漱石の全長篇小説の中でもっとも現実の事件や社会変動や時代の空気が具体的に描き込まれている。それはこの時期の日本の大きな変わり方を作家漱石が鋭く感知していたからである。

幸徳秋水や社会主義、東京高商のストライキ事件、あるいは森田草平の恋愛スキャンダル小説『煤煙』などへの言及があるが、日糖事件も登場する。

その事件を話題にしたあと。

「代助は自分の父と兄の関係してゐる会社に就《つい》ては何事も知らなかつた。けれども、いつ何《ど》んな事が起るまいものでもないとは常から考へてゐた」

実際彼はこのあともはや「高等遊民」ではいられなくなっていくのである。

二〇〇五年四月三日掲載

昭和三十四（一九五九）年四月十日

「人間の裸の顔」という劇

三島由紀夫

嵐は忽《たちま》ち晴れ、六月の日照りになつた。

一時半起床。庭で素振りをしてから、馬車行列の模様をテレヴィジョンで見る。

『決定版 三島由紀夫全集30』（新潮社）

馬車行列というのは、もちろん、当時の皇太子明仁親王と正田美智子の御成婚のパレードのことである。

結婚の儀や固めの盃《さかずき》事、朝見の儀などを終え、宮内庁玄関から新居となる東宮仮御所までの馬車行列がスタートしたのは同日の午後二時三十分だった。

その姿を一目見ようと沿道に集まった人の数は五十三万人（警視庁調べ）にも及んだ。三島のようにその様子をテレビ中継で見た人は千五百万人にものぼった（それまで高価な貴重品であったテレビは、この御成婚パレードを機に二百万台を突破した）。

パレードが始まって七分後、馬車列が二重橋を過ぎ皇居前広場を出て祝田橋方面へ右折し終わった時、事件が起きた。

「突然一人の若者が走り出て、その手が投げた白い石ころが、画面に明瞭《めいりよう》な抛物線《ほうぶつせん》をゑがくと見る間《ま》に、若者はステップに片足をかけて、馬車にのしかかり、妃殿下は驚愕《きようがく》のあまり身を反らせた。忽ち、警官たちに若者は引き離され、路上に組み伏せられた」(「裸体と衣装――日記」より)

馬車行列はそのまま、何事もなかったかのように、同じ歩度で進んでいったが、三島は、若い両殿下の表情の変化を見のがさなかった。「両殿下の笑顔は硬く、内心の不安がありありと浮かんでゐた」

そして彼はこう言葉を続けている。

「これを見たときの私の昂奮《こうふん》は非常なものだつた。劇はこのやうな起り方はしない。これは事実の領域であつて、伏線もなければ、対話も聞かれない。しかし天皇制反対論者だといふこの十九歳の貧しい不幸な若者が、金色燦然《さんぜん》たる馬車に足をかけて、両殿下の顔と向ひ合つたとき、そこではまぎれもなく、人間と人間が向ひ合つたのだ。馬車の装飾や従者の制服の金モールなどよりも、この瞬間のはうが、はるかに燦然たる瞬間だつた」

何の伏線も対話もなかったけれど、むしろそれゆえ、「この『相見る』瞬間の怖《おそろ》しさ」

こそは真に劇的なものであったと三島は言う。

「社会的な仮面のすべてをかなぐり捨てて、裸の人間の顔と人間の顔が、人間の恐怖と人間の悪意が、何の虚飾もなしに向ひ合つたのだ。皇太子は生れてから、このやうな人間の裸の顔を見たことははじめてであつたらう。と同時に、自分の裸の顔を、恐怖の一瞬の表情を、人に見られたこともはじめてであつたらう」

この頃三島由紀夫は、退屈な戦後をニヒリスティックに描く野心作『鏡子の家』を執筆中だった。

しかしその執筆はなかなかはかどらなかった。四月七日、「ここ数週間の、憂鬱《ゆううつ》きはまりない遅々たるロック・クライミングの果てに、『鏡子の家』はやうやく七百枚に達した」。そして御成婚を間にはさんで、四月十八日、「朝まで七枚みつちり書いて、『鏡子の家』は七百三十二枚に達した」。

完成した『鏡子の家』の世評はかんばしくなかった。その失敗によって三島由紀夫は変わっていったと言われている。

二〇〇五年四月十日掲載

快進撃の中のB25来襲

青野季吉

昭和十七（一九四二）年四月十八日

午後、岡猛君来訪中、高射砲の音ただならず、やがて空襲警報発令。これはじめての敵機来襲なり。わが神州の空あつて空前の事なり。『青野季吉日記』（河出書房新社）

昭和十六（一九四一）年十二月八日の真珠湾攻撃による太平洋戦争勃発《ぼっぱつ》と共に日本軍は快進撃を続ける。

同年十二月二十五日、イギリス領の香港を占領。年が明けて十七年一月二日、フィリピンのマニラ市を占領。さらに二月十五日シンガポールを占領。そして三月八日にはビルマの首都ラングーンを占領する。

大正から昭和初期のプロレタリア文学運動の中心メンバーで、太平洋戦争が始まった頃には完全な転向者となっていた文芸批評家の青野季吉は、昭和十七年二月十五日の日記で、「シンガポール落城のニュースを聴く。世紀の大いなる事実なり」と感嘆したのち、翌日こう書く。

「朝の新聞にてシンガポール開城の壮大なる光景を知る。一日一日と歴史の大きな事実が創られて行く。しかるにわが魂の何ぞ、それに感動することの浅きことぞ。いかに感動しても足らぬ思ひである」

さらにこの夜彼は、「市中のシ港陥落の歓呼を想像して、静かに読書」したという。

そういう彼にとって、いきなりの敵機来襲は、正に「空前の事」だった。

攻撃して来たのはドゥリットル陸軍中佐率いる十六機のB25中型爆撃機だった。そしてその目的は、攻撃そのものではなく、日本の快進撃を心配するアメリカ国民への戦意高揚にあった。航続距離に限界のあった当時のアメリカ陸軍爆撃機（B25）にそのような空襲を可能にさせたのは、海軍の航空母艦との連携による。

青野季吉は四月十八日の日記で、続けて、「若干の被害があつたらしいが、この辺は何事もなく、人心もいたつて平静であつた」と書いているが、たしかに彼が住んでいた「この辺」である東京の世田谷は被害がなかったものの、東京の死者は三十九人（全国では五十人）に及び、中でも一番被害の大きかったのは、世田谷からさほど離れていない品川区大井町だった。

アメリカの空襲はこの日限りのものであったが、空襲警報はその後もたびたび発令された。

　翌四月十九日、「夜半三時頃、空襲警報発令。すぐ起き出でて、大声にて触れ歩き、部署につく。隣組の男達も来り衛《まも》る。敵機を見ず」、さらに正午頃、「空襲警報発令。たゞちに飛び出す。敵機を見ず」。四月二十一日、五月四日、同六日にも同様の記述があるが、その間の四月二十二日の、「ひとり夜の中を散歩、沈思。ときどき夜空を仰ぐ。何事もなし」という一節に、青野季吉の本当の心性をうかがい知ることができるかもしれない。

　ところでグラフィックデザイナーの多川精一は当時十九歳の青年だが、その時攻撃して来たアメリカの爆撃機が陸軍のB25であることを鋭く見抜き、「日本と違って陸軍と海軍が協同して、予想もしない作戦が実行出来るのが油断できないと思った」と近刊『焼跡のグラフィズム』（平凡社新書）で回想している。

二〇〇五年四月十七日掲載

「新人類」の不条理小説

志賀直哉

明治四十三（一九一〇）年四月二十四日

夜去年の十月殺人といふので書いた話を剃刀《かみそり》と改めて書き出した。『志賀直哉全集　第十巻』（岩波書店）

その二日前、すなわち明治四十三年（一九一〇）年四月二十二日の日記で志賀直哉は、こう書いている。

「午前武者が来た。（中略）武者は道徳の為めなら命を捨てられると思ふがそれ以外のものでは命を捨てられぬと云ふ」

武者というのは、もちろん、武者小路実篤のことであるが、彼らが中心となって、同年三月二十八日、文学の新しい声の到来を予感させる雑誌『白樺』が創刊された。

新しい声というのは、つまり、明治半ばに生まれた一種の「新人類」であった彼らは、外から押しつけられた価値観（例えば明治国家への丸ごとの信頼）よりも、自らの個の価値観を優先させたからである。その自我や神経をである。

といっても、それは、彼らよりひとまわり年上の世代である自然主義の作家たちが信奉する「個」と違って、もっと道徳心に満ちた「個」だった（学習院出身のエリートであった彼らにとって、そのような「個」を追求することは〝高貴なる義務〟とも言えた）。

志賀直哉は創刊号に発表した「網走まで」に続いて、第二号に向けて「剃刀」を執筆する。

「剃刀」は東京麻布の連兵隊近くの床屋の芳三郎が、ふとした神経のはずみで客の若者を剃刀で切り殺してしまう不条理小説の傑作である。時代の変わり目のどんよりとした雰囲気がよく描かれている。

志賀直哉や武者小路実篤が敬愛した作家に夏目漱石がいる。特に彼らはこの年一月に刊行された『それから』を愛読した（一月十七日に読みはじめた志賀直哉はその翌々日に読了している）。

『白樺』の創刊号に武者小路実篤の「『それから』に就《つい》て」という評論が載り、その中で武者小路は「『それから』にかゝれてゐる考は代助の個性から発した声である」と述べたのち、その悲劇、「代助が自然の命ずる処《ところ》に従つて社会の習慣を無視した」ことによる悲劇を肯定的にとらえている。

ところで先に引いた志賀直哉の明治四十三年四月二十二日の日記は、こう続いている。「道徳といふ意味は広い事かも知れぬが、自分の考へにすれば、道徳といふ名をつける以上は、純個人的のものではあるまい。他人にもあてはまる、自分は自分に唯一の道徳といふ意味以外は道徳といふものを信じる事は出来ない。その事は然《しか》しいひはしなかつた」

この二年後、明治天皇が亡くなり、陸軍大将の乃木希典が殉死する。夏目漱石や森鷗外が乃木希典の殉死に大きなショックを受けたことはよく知られている。しかし志賀直哉青年は、日記で、その死に対して、「『馬鹿な奴だ』といふ気が、丁度下女かなにかゞ無考へに何かした時感ずる心持と同じやうな感じ方で感じられた」と書き記す。

二〇〇五年四月二十四日掲載

流血の惨事になった「お祭」

野上彌生子

昭和二十七（一九五二）年五月一日

今日はメーデーで労組の統一のお祭あり。角川が真知子の印税一万円持参。信濃町のあたりなど、子供までプラカードをかついで出掛けてゐる由語る。『野上彌生子全集　第Ⅱ期　第十一巻』（岩波書店）

春ののどかな日、角川書店が文庫判（？）の『真知子』の印税を届けに来る。子供までがメーデーの「お祭」に参加しているという。

ところが、翌朝の新聞を手にすると……。「一面のトップに催涙弾の煙がもうくしてゐる中に鉄兜《てつかぶと》の警官が実戦の兵士のやうに群がり、下に倒れてゐる者があちこちに見える写真が出てゐるので驚く」

いわゆる「血のメーデー」事件である。

「統一メーデーは神宮外苑で予定通り秩序よく行はれたが、四組に別れて市内行進に移つた時、（中略）数千が日比谷から人民広場になだれこみ、それに対抗する警官と正面衝突となつた報導が大活字で出てゐる。濠端《ほりばた》の米人の自動車十二台焼かれてゐる写真も三面に見える。お互ひに死傷者があり、百数十名の検束者を出してゐる。米水兵で濠に投げこまれたものもある由」

事件の正確な経緯を『昭和　二万日の全記録』（講談社）によって紹介しておく。

この日明治神宮外苑広場に集まった約四十万人の参加者たちは、メーデーの式典終了後、昼十二時半頃から、東・西・南・北・中の五つのコースに分かれ、デモ行進をはじめた。その中の中部コース隊の先頭集団が午後二時頃、解放場所である日比谷公園に到着した。その時、都学連の学生らが、「実力をもって人民広場に入ろう」と叫び、日比谷交差点で警官隊を押し切り、後続部隊もそれに続いた。日比谷交差点から第一生命ビル前を通って、馬場先門から広場に入る際、門に控えていた約六百人の警官隊は、彼らを阻止することなく、道を開いた。

事件が起きたのはデモ隊が二重橋前の広場に集合し終えた時だった。何の前ぶれもなく警官隊が攻撃をかけてきた。攻撃は三回にわたって行われ、催涙ガス弾や拳銃が使用され、デモ隊側の死者二名、負傷者千五百名、警官隊の負傷者八百名という惨事となった。

こういう惨事が起きるには幾つかの伏線があった。

人民広場というのは皇居前広場のことであるが、二年前までメーデーはその場所で行われていたのだが、その年、つまり昭和二十五（一九五〇）年五月三十日の「人民決起大会」いわゆる「五・三〇事件」（参加者の一部が米軍将校らに暴行をはたらいたというデッチあげ事件）ののちメーデーでの使用が禁止された。

さらにこの「血のメーデー」の三日前、昭和二十七年四月二十八日、単独講和か全面講和かで大きくもめた「対日講和条約・日米安全保障条約」が発効していた。

ところで野上彌生子は、先の日記を、「外国、ことに米国はかなりショックを受けたらしい。政府の態度をそのまま日本の態度と受けとつてゐたとすれば、彼らもバカである。しかし戦争否定、憲法九条を守るとすれば、この状態はその主張をうら切るものといはれても仕方がない」と結んでいる。

二〇〇五年五月一日掲載

老文学者が迷った末に……

森田草平

昭和二十三（一九四八）年五月十日

おれの共産党入りアカハタに大々的に発表される。宮本ゆり子、非常な好意を以《もっ》て拍手を送ってくれた。おれは昔からこれ程好意を以て紹介された覚えがない。『森田草平選集　第五巻　日記（終戦前後）』（理論社）

哲学者の出隆《いでたかし》や画家の内田巌をはじめ様々な文化人たちが、終戦直後、日本共産党に入党したが、なかでも一番、人々を驚かせたのは文学者の森田草平の入党だった。

既に六十七歳という高齢であったし、若き日の煤煙《ばいえん》事件（妻子がいる身でありながらの平塚雷鳥との恋愛スキャンダル）をはじめとして女性関係はいろいろとあったが、その種の（思想的な）ラディカルであるとは思われていなかったからである。

実際、森田草平の入党理由はラディカルなものではなく、ヒューマンなものだった。

この年三月十九日、講演会場で堀内敬三や徳川夢声らに会った日の日記で、彼はこう書いている。

「夢声と敬三とがしきりに共産党の悪口を云うので、俺《おれ》は共産主義者だ、尤《もっと》も、トマス・モアの程度の主義者だと云ってやったら、夢声は〝そりゃユートピアだ、それなら誰も彼も共産主義者だ〟と云っていた」

森田草平は戦争中（昭和二十年に）長野県に疎開していたが、終戦後もそのまま東京に戻ることはなかった。彼が党員となったのはその地で知り合った友人たちの影響が大きかった。

彼が正式に共産党への入党を勧められたのは昭和二十三年四月二十三日のことである。「午後菊池謙一、某（アカハタ記者）他一名来訪、入党をすすめられる。会談午後五時に到る。〝出隆君は立派なもので、思惟《しい》の結果、あそこまで行き着いたのであろうが、僕はチャランポランで甚だ覚束《おぼつか》ないから困る〟と答えると、〝出さんも同じようなことを云っておられた〟と巧《うま》い事を云う」

彼らが帰り、一人になったあとで、森田草平は、自分が入党を「躊躇《ちゅうちょ》」している理由を考えてみる。

「一、俺自身がどこまで真面目《まじめ》であり得るかという、自己の真剣さに対する疑問（年寄の冷水と笑われるのがつらいという表現になって現われる）二、おれの共産主義は要するに信仰なり、南無阿弥陀仏と同じである。ただ後者の場合阿弥陀様は自分の都合のよいように作ることができる。共産主義は信仰の対象が厳然として実在する、しかもソヴィエトの実情についても日本の共産主義についてもほとんど知る所のない不安とである」

さらに同様のことを五月四日（この日彼は正式に入党した）の日記でも口にしている。「おれは共産党員たる資格なし」、と。なぜなら、「従来の閲歴と生活に於て、共産主義者として硝子《ガラス》ばりの中に立っても一点恥ずる所のないような生活は決してしていない。非難されたら、たじたじである」から。

こうして共産党員となった彼のもとに、「未知の人より多くの手紙ハガキ来り、入党を決意した者も二人あり、既知の人々からも激励の手紙」（五月十三日）が来たという。

しかしかつての仲間であった「漱石門下の旧友からは一通もなし」だった。

二〇〇五年五月八日掲載

変革の時代、真摯に走って

高野悦子

昭和四十四（一九六九）年五月十三日

自己創造を完成させるまで私は死にません。『二十歳の原点』（新潮文庫）

立命館大学文学部史学科三年の高野悦子は、この年（一九六九年）一月二日、二十歳の誕生日を迎え、成人の日（一月十五日）の日記で、『独りであること』、『未熟であること』、これが私の二十歳の原点である」と書いた。

この二年前、入学式の翌日（一九六七年四月九日）の日記で、彼女は、このような抱負を語っていた。

「私はこれから始まる、いや実はもう始まっている大学生活の一大支柱を、学問すること、日本史をやることにおいてやっていこう。あと一つの小さな柱としては英語をやることである。

自信と誇りをもつ自主性のある人間になるよう努力しよう。それから人対人の関係、対人関係の処理をじょうずにしよう。

学長はマルクス主義者であるらしい。私はマルクス主義が何であるか知らない。マルクス主義を学ぼう。本ばかり読んでいてもいけない。実地と照らし合わさなければ……」

その二年間の間、彼女は、学問、読書、学生運動、アルバイト、そして恋愛に、真摯《しんし》に生きようとした。

しかし時代のドライブが強過ぎた。一九六七年から六九年に到る期間、特に一九六八年は、戦後日本の変革の一つのピークとなる時だった。

真摯であるから彼女はその時代の変革をストイックに受け入れようとした。一方でそのストイシズムは、変わり行く時代に対して古風でもあった。そこに彼女の苦しみがある。

一九六九年二月二十四日の日記で、「私には『生きよう』とする衝動、意識化された心の高まりというものがない。これは二十歳となった今までズットもっている感情である」、と書いた彼女は、同年四月九日の日記でこう書く。

「青春を失うと人間は死ぬ。だらだらと惰性で生きていることはない。三十歳になったら自殺を考えてみよう。だが、あと十年生きたとて何になるのか。今の、何の激しさも、情熱ももっていない状態で生きたとてそれが何なのか」

冒頭に引いたセリフで日記を書きはじめた五月十三日、彼女は、

「本を読む気なし。何でも入ってくるものはすらっと受け入れる純粋無垢《むく》の状態。封鎖でも何でもやってやる。しょせん死ぬ身。自殺？　敗北か。大体、何でこんなことを書いているんだろう。サアネ、ワタシニモワカリマセンデスワ、オホホホ」

と言葉を続けたのち、「自殺は卑きょうな者のすることだ」と結んでいる。

彼女の日記の最後の日付は同年六月二十二日だ。「今や何ものも信じない。己れ自身もだ。この気持は、何ということはない。空っぽの満足の空間とでも、何とでも名付けてよい、そのものなのだ。ものなのかどうかもわからぬ」

その二日後、一九六九年六月二十四日未明、彼女は鉄道自殺する。

二〇〇五年五月十五日掲載

空襲下で書いた信仰論

柳田國男

昭和二十（一九四五）年五月二十三日

『先祖の話』を草し終る、三百四十枚ばかり。「炭焼日記」『定本柳田國男集別巻第四（新装版）』（筑摩書房）

太平洋戦争の戦況が悪化し日本の敗色が濃厚になった頃、柳田國男は長篇評論『先祖の話』を完成させた。

柳田がこのテーマについて論をまとめようとしていたのは、ちょうどその一年前のことだった。

昭和十九（一九四四）年五月二十日の日記で彼はこう書いている。

「国際電気通信の講習所にゆき、先生たち二十人ほどに話をする。三好氏迎へに来る。『先祖の話』といふのを半分、十分にはいへなかつたやう也《なり》」

そして実際に執筆をはじめたのはその年の晩秋（その間にむかえた七月三十一日、数え七十歳の誕生日の日記で彼は、「七十年目の誕生日。どうして斯《こ》う永く活《い》きたかと思ふ」と書いていた）、十一月十日のことだった。

ただし。「『先祖の話』をかき始む、筆すゝまず」と書いている。

筆が動きはじめたのは翌年春、東京大空襲のあった三月十日のことだ。

前日、昭和二十（一九四五）年三月九日の日記に、「今夜夜半過ぎ空襲、全体で百三十機ばかりといふ、東京の空を覆ひしもの五十機、窓をあけて見ると東の方大火、高射砲雷の如し。三時過まで起きてふるへて居る。いつ落ちるかしれぬといふ不安をもちつゝ」、という感想を述べたのち、翌日の日記で、「勿論《もちろん》きょうは一人も来ず、『先祖の話』を書いてくらす」と決意的に書いている。

それからの執筆スピードは速かった。五月三日、「『先祖の話』清書第一回八十三枚」。そして五月二十三日に至るのである。

東京大空襲と共に書き進められていった『先祖の話』は、完成の日にも同様の経験をする。

五月二十四日。「昨夜一時前後から大空襲、家の上を四つ並んで、幾らともなくB29が来る。二百五十といふが一部は静岡方面へ行く。所々に焼夷弾の落つる光景、一生の思ひ出なり」

内地はもとより戦地で多くの日本人たちが（特に若者たちが）命を失っていった。『先祖の話』で柳田はこう言っている。

「私がこの本の中で力を入れて説きたいと思ふ一つの点は、日本人の死後の観念、即ち霊は永久にこの国土のうちに留まつて、さう遠方へは行つてしまはないといふ信仰が、恐らくは世の始めから、少なくとも今日まで、可なり根強くまだ持ち続けられて居るといふことである」

戦争が終わって四年後に発表された論文「魂の行くえ」で、柳田は、『先祖の話』を振り返って、「なつかしい」というキーワードを口にしている。つまり、『先祖の話』で考察された日本人に固有の信仰は、「いつの世の文化の所産であるかは知らず、限りも無くなつかしいことである」、と。ただし柳田は、「それが誤つたる思想であるかどうか、信じてよいかどうかは是からの人がきめてよい」、と言葉を続けている。

二〇〇五年五月二十二日掲載

消息を絶った小林秀雄

中島健蔵

昭和三（一九二八）年五月二十八日

突然、今日出海、佐藤正彰の二人が、辰野さんと一しょに研究室にとびこんできて、小林秀雄が失踪《しっそう》したという。『疾風怒濤の巻　回想の文学①』（平凡社）

中島健蔵と小林秀雄はこの年（昭和三年）春、東京大学仏文科を卒業した。彼らと同じ時期にその学科で学んだ人間に、ここに登場する作家の今日出海やフランス文学者の佐藤正彰の他に、詩人の三好達治やフランス文学者の渡辺一夫らがいる。いわば東大仏文科の第一次黄金時代である。

そういう個性豊かな天才秀才たちを優しく伸び伸びと指導していたのが当時同専攻の助教授だった辰野隆だ。

「辰野さんは、読売新聞の昨日の夕刊に、粕壁で轢死《れきし》した男のことが出ていたが、それが小林ではないかという心配もあるというのだ」

その頃小林秀雄は東中野で、元中原中也の恋人だった長谷川泰子と同棲《どうせい》していた。映画女優を目指していた彼女は独特の神経の持ち主だった。

中学時代からの小林の親友河上徹太郎は、文学的青春回想録『私の詩と真実』の中で、こう書いている。

「彼女は、丁度子供が電話ごつこをして遊ぶやうに、自分の意識の紐《ひも》の片端を小林に持たせて、それをうつかり彼が手離すと錯乱するといふ面倒な心理的病気を持つてゐた」

そういう彼女に小林秀雄は誠実に附き合った。

しかし昭和三（一九二八）年五月のある夜、彼女が小林に、「出て行け」と言ったら、小林は家を出、そのまま二度と戻ってくることはなかった。

辰野隆をまじえて中島健蔵や今日出海らが相談していると、中原中也と長谷川泰子がやって来た。

「中原は、しきりに小林の方の無責任を憤っているが、一ばん大せつなのは、彼の安否だから、もう一度、心あたりを探すことにして帰る。中原は、小林が死んでいないとは断言できぬという」

この時の中原中也の様子をもっと具体的に憶《おぼ》えているのが大岡昇平だ。小林の弟子で、小林を通じて中原と出会い、中原から可愛がられていた大岡昇平は、『中原中也』で、「中原のこの時のはしゃぎ方は、今考えても胸が悪くなるようなものである」と述べたあと、こう言葉を続ける。

「中原の浮き浮きした様子は小林の行方と泰子の将来を心配している人間のそれではなかった。もめごとで走り廻《まわ》るのを喜んでいるおたんこなすの顔であった」

小林秀雄の消息がわかったのは三日後のことだ。その日、昭和三年五月三十一日の日記で、中島健蔵はこう書いている。

「小林は生きていることが明らかになった。河上徹太郎が消息を知っているらしいが、所在だけは教えなかったという」

小林秀雄は東中野から東京駅に出て奈良に向かい、当時その地で暮らしていた志賀直哉の世話になる。

この四年後、『中央公論』昭和七（一九三二）年九月号に発表した小説「Xへの手紙」で彼は、「女は俺《おれ》の成熟する場所だった」と書く。

二〇〇五年五月二十九日掲載

北へ西へ流離漂泊の旅

山田風太郎

昭和二十（一九四五）年六月五日

朝。……いま自分は、故郷の家の二階の窓越しに、青葉に埋もれた初夏たけなわの風景を見ている。柿も桜もくらくらするような濃青の光を照り返して、その向うにゆれる庭の麦、ヒマのそよぎ。『新装版　戦中派不戦日記』（講談社文庫）

故郷というのは兵庫県但馬のことである。一見のどかな六月初めの光景だ。

しかし、それは昭和二十（一九四五）年である。

「さて、五月二十四日からきのうまでの十二日間」という一節に続いて、山田青年は、こう書く。

「思い起せばまさに波瀾《はらん》万丈である。不精なことではあえて人にゆずらない自分が、眠らない夜も数日、猛火の中を馳駆《ちく》したのも一夜ならず。はては北の方羽前の国から、西の方但馬の国まで流離漂泊の旅をつづけたのだから」

昭和二十年五月二十四、二十五の両日、計千機近くのB29が東京・横浜を襲った。被害は東京全区にわたり、皇居の表宮殿、大宮御所も炎上した。

東京医大の学生だった山田青年は、白金台町に下宿していた。

二十四日未明の空襲の時、「煙の中を群衆といっしょに、五反田へゆく大通り」の方に逃げた。

「五反田の空は真っ赤に焼けただれ、凄《すさま》じい業火の海はとどろいていた。煙にかすみ、火花に浮かんで、虫の大群のように群衆は逃げる。泣く子、叫ぶ母、どなる男、ふしまろぶ老婆――まさに阿鼻叫喚だ」

翌日の空襲の時、ある代議士の豪華な邸宅が燃えて行く様子を見た。

「美しい、広い庭園だ。建物は、尖《とが》った屋根やヴェランダや、まるで西洋の中世期の寺院のようだった。それが火の海を背景に、そしてまた蒼《あお》い黎明《れいめい》の空を背景にくっきりと最後の姿を浮かべていた」

燃えさかる火の海で群盗団が横行しているという噂《うわさ》を聞く。「実際あの修羅の火の町の中では、強盗でも強姦でも、やる気になれば何でもやれるかも知れない」。「最高の美と最低の悪が、火炎の中で乱舞する。恐るべき時代である」

身ぐるみひとつで焼け出され、「ひとまず帰郷するよりほかはない」と思ったものの、東海道線は不通。

知り合いの世話で、彼らと共に羽前大山に避難し、再び東京に戻ってきたのは六月二日のことだった。

「八時ごろ東京に入った。警報も出ていないのに、全東京は闇黒であった。消燈しているのではない——家がもうあらかた無いのである！」

そして翌六月三日、超満員の、午後十時五十五分広島行きの列車で故郷但馬に向かう。

乗り換えた京都駅のホームで、偶然、中学時代の同級生のTに会う。

Tは山田青年に、（日本軍は）「殺人光線式の新兵器が完成している」と言い、山田青年はそれを、「あやしいものだ」と思う。Tはさらに、「目下日本では必死に毒ガスを製造中だ」とも言う。

その二日前、昭和二十年六月一日、アメリカのスティムソン委員会は、全会一致で、日本への原爆投下を大統領に勧告している。

二〇〇五年六月五日掲載

ハガティ事件にみた「醜さ」

江藤淳

昭和三十五（一九六〇）年六月十日

午後一時半——私は朝日新聞の車に乗って羽田近傍の国道を空港に急いでいた。

『日附のある文章』（筑摩書房）

江藤淳がなぜその時、羽田空港に向かって急いでいたのかといえば。

「二時間後に着陸する米大統領新聞係秘書ジェイムズ・C・ハガティ氏の動静と、それに呼応しておこるべき大衆運動を二日にわたって取材するためである」

この年、一九六〇（昭和三十五）年五月二十日、午前零時六分、野党および与党（自民党）反主流派を欠いたまま衆議院本会議が開かれ、日米安全保障条約が採決された（自民党はその直前、衆院安保特別委員会でその新安保条約を強行採決していた）。

ちょうど同じ頃、アメリカのソビエトへのスパイ機「U2」が問題になり、日本の厚木基地にも配備されていることが五月九日の国会で社会党から追及された。

六月四日には、安保改定阻止第一次実力行使（いわゆる「六・四統一行動」）が行われ、全国で五百六十万人が参加した。

そういう渦中に、アイゼンハワー大統領訪日の露払いとしてハガティが羽田にやって来たのである。

しかしハガティが到着し、車に乗り換えた時、事件が起きた。

「弁天橋の手前、地下道を出たばかりの所でハガティ氏とマ大使（マッカーサー大使――引用者注）の車はデモ隊にとりまかれ、立ち往生していたのである。労組員と学生が次々と熱にうかされたようにかけ寄って来て、車にとりついている」

この出来事について、六〇年安保反対運動の知的指導者の一人だった日高六郎は、「岸政権をどこまでもテコいれしようとするアメリカ支配層の意志と、そのことに反対する日本の民衆の意志とが、ここで正面からむきあった」（『1960年5月19日』岩波新書）と述べているが、江藤淳は、二十代の青年でありながら、そのようなロマンチストではなかった。

「この群衆は、ハガティ氏の車を物理的に阻止して、政治的にもアイゼンハワー大統領の訪日を阻止したつもりなのであろうか。物理的に阻止した時、政治的には通ってはならぬものが、彼らの頭上を通りぬけたということが、なぜわからないのか。大衆を甘やかし、スローガンでかり立てた指導者はどこにいて何をしているのか」

指導者は不在だった。江藤淳に言わせれば、その場を「支配して」いたのは、「民衆の意志ではない。醜い、行き場のない、混乱だけ」だったという（日高六郎は前述書で、「デモ隊は自分自身の規律をもっていた」と書いていた）。

それ以上に江藤淳を驚かせたのは、指導者の一人が事件のあとで行った、「警官と右翼の挑発のために、若干の混乱がおこったのは遺憾であります」という、「調子のいい演説」だった。なぜなら、事件の現場には、警官や右翼の姿は見えなかったのだから。

「これではまるで大本営発表と同じではないか、と私は呆然《ぼうぜん》とした」

結局、アイゼンハワー大統領の訪日は中止となり、五百八十万人が参加した六月十五日の第二次実力行使では、混乱の中で東大生樺美智子が死亡する。

二〇〇五年六月十二日掲載

遠く離れていった桜桃忌

木山捷平

昭和二十四（一九四九）年六月十八日

明日「太宰追悼会」には上京出来ぬと亀井君に電報を打った。『酔いざめ日記』（講談社）

昭和二十三（一九四八）年六月十三日に東京三鷹の玉川上水に入水した太宰治とその愛人山崎富栄の水死体が発見されたのは同六月十九日のことだった。

翌年から、その日を桜桃忌と称して太宰をしのぶ友人たちの会が開かれるようになった。太宰の親しい友人だった木山捷平も、最初の年はたまたま岡山に帰省していて顔を出せなかったものの、会の熱心な参加者だった。

例えば、昭和二十六年六月十九日。「桜桃忌、中村屋にて、会費五百円也。出隆、山岸両氏が共産党の募金をやって会が白けてしまった」

参加者の平均は、「桜桃忌（六周年忌）三鷹禅林寺。午前四時、会費五百円。村上菊一郎君と同道した。集るひと三十何人？・」（昭和二十八年）、「桜桃忌（八回目）三鷹禅林寺にて、会費五百円。午後三時より。（中略）新築の講堂に集る人三十人?」（三十年）とあるように、毎年、三十〜四十人だった。

それが一変するのは昭和三十三年のことだ。

「桜桃忌に行く。高橋君と一緒に。女学生の参加者多し」。全参加者は九十人を超えた。没後十年に当たる年だったが、これほど参加者が増えた理由は、『走れメロス』が高校の教科書に採用されたためでしょうか」と太宰の夫人は語ったという。

こうして桜桃忌は友人たちの手を離れ、一つの社会現象となって行く。

昭和三十九年六月十九日。

「太宰忌（桜桃忌）今年すでに十六回になる。今年生きていれば五十五歳になる。太宰の死後この会は年々盛会であるが、学生多し。（中略）司会亀井（勝一郎——引用者注）で百人分ばかりの桜桃の入った折りづめが用意されていたが、二百余人の集会人であった。しかし太宰の友人は少しで淋しく、遠くになってしまった感じであった」

これに懲りたのだろうか翌昭和四十年は、「桜桃忌（昨夕伊馬君より是非出席してくれと電話あり）、午後三時、会費七百円、禅林寺にて。欠席。新聞によれば友人外学生多数三百人集った。『斜陽』『人間失格』の本を手にした女性多し」、とある。

さらにその次の年（昭和四十一年）の六月十九日。

「桜桃忌。三鷹禅林寺にて午後三時より。何となくこの日は落着かない嫌な日である。若い頃から、つまり無名時代からの友人の忌と思うと、その死などを考えるとやり切れない感じとは別に、年々歳々賑々《にぎにぎ》しくなっている。しみじみと追想する友人達は少く、学生が祭気分みたいな熱気あるものにしているかの如し」

この日のことを描いたあるエッセイで、木山は、「寺の広間で行われた追悼会で、私は常連の故をもって弁当一箱をあてがわれたが、境内で立ちん坊している沢山の男女学生を見ていると、どうも上ってすみませんというような気がしてならなかった」と少し皮肉っぽく述べている。

以後木山は桜桃忌に足を向けることはなかった。

二〇〇五年六月十九日掲載

自信失わせた「太陽の季節」

阿部昭

昭和三十（一九五五）年六月二十一日

図書館で、例の新人石原慎太郎の「太陽の季節」（文學界）を読んだ。圧倒された。鳥居あたりが仰天するのも無理はない。『緑の年の日記』（福武書店）

阿部昭はこの年の春、東大駒場の教養学科から本郷のフランス文学科に進学した作家志望の二十歳の若者だった。

鳥居というのは彼の文学仲間で、「花火」と題する彼の第一作の感想を尋ねたら、こんな反応が返って来たのだ（六月二十日）。

「鳥居のやつが『文學界』の新人賞を獲得した石原慎太郎（？）とかいう新人の『太陽の季節』という百枚ほどの小説（ボクシングを題材にしたものらしい）を、『まあ、これを読め』と差し出し、『おれは完全にこれには唸《うな》らされた、まったく素晴らしい傑作だ』と祭り上げ、つくづく世代の隔たりを感ずるだとか、構成のうまさだとか褒めちぎって、『これはきみのほうに関係のあることなんだが』と、その秀作（?）を以てわが『花火』への頂門の一針を期するごとくなのだ」

「花火」に対する直接の評価を下すことなく、この友人は、「まあまあ、いいからこのどえらい作品を読め、そうしたらおまえの作品なんかおかしくって尻尾《しっぽ》を巻いて引っ込まざるを得まい」とばかりに言い立てた。そういう残酷な仕打ちに、阿部昭は、「無念の涙と怒りの叫びを押し怺《こら》えて、その『文學界』を見たくもないのにめくって読むふりをして、実にもう蹴《け》飛ばしてやりたい気持でいた」。

そして翌日（六月二十一日）、冷静な気持ちになってその作品にきちんと目を通したわけである。「大した手腕、才筆だ。ただし、これは二度繰り返して読み、三度四度愛読できるようなしろものではないということだ。読み終ったあと、しばらく開いた口がふさがらない、というのが文学の効能だろうか。とにかく、文句なしに凄《すご》い作品だが」

石原慎太郎の『太陽の季節』は、そしてその直後に続けて読んだフランソワーズ・サガンの『悲しみよこんにちは』は、阿部昭に強い衝撃を与えた。七月四日の日記。

「『花火』の書き直し。どうしても進まない。とことんまで自信を失った。鳥居のあら探しにまいったのか。おそらく違うだろう。例の『太陽の季節』『悲しみよこんにちは』以来、（中略）自分が現代の女性を全然知らないこと、今日の（かなり皮相な流行面にしろ）世相だの何だのを映し出すべき鏡をまったく持ち合わせていないこと、要するにいかにも古くさい昨日の人間しか書けないということ、それやこれやであっさり降参してしまったのだ。書くのがこわくなったのだ」

「皮相な流行」とは要するに、「ジャズであり、自動車やヨットであり、アルコールや麻薬であり、仲間うちの隠語新語」のことだ。

のちに阿部昭は、この当時を振り返って、「私の実感では、もう二十歳なのだ。『太陽の季節』の作者は私より二つ年上でしかない。そして、あのサガンという少女にいたっては私より一つ年下だ。この年齢で何か書けなければ一生書けないということだ」（傍点は原文）と書いていた。

二〇〇五年六月二十六日掲載

大辞典を「冥土の土産」に

尾崎紅葉

明治三十六（一九〇三）年六月三十日

正午前車を駆りて（中略）丸善に向ひ百二十円を払ひセンチユリイ大辞典の購求を約す。

『尾崎紅葉全集　第九巻』（中央公論社）

ベストセラー小説『金色夜叉』で知られる尾崎紅葉は、この頃、例えば同い年の夏目漱石はまだ世間にまったく無名であったのに、推しも推されもしない、文字通りの「明治の文豪」だった。

紅葉はこの日（明治三十六年六月三十日）、日本橋の丸善でセンチュリイ大辞典の他に、「オスツロフスキーの戯曲ストオム」と「クリスチイの俚諺《りげん》金言集」を買った。

明治の文学者たちの例にもれず、紅葉はかなりの外国語（英語）読解力があり、知的好奇心も旺盛だった。

だからこの日、帰宅後、夜「十一時よりストオムを繙《ひもと》きて」、午前一時まで夜ふかしをしてしまう。翌七月一日、「正午後ストオムを読むの際鏡花生来りて一時過迄《まで》談ず」。そして弟子の泉鏡花が帰ったあと、「三時半ストオム（読了）」とある。

つまり、ほぼ一日でロシアの劇作家オスツロフスキーの戯曲『嵐』の英訳を読了してしまったのだ。

ところで、六月三十日の日記の丸善訪問の項には、こういう一節が記されている。

「内田魯庵に遇《あ》ひて長談す」

その日のことを、内田魯庵は、回想集『思い出す人々』の中で、こう書いている（当時、内田魯庵は丸善の雑誌『學鐙』の編集長で、洋書仕入れの顧問だった）。

「紅葉の病気が重態であると新聞紙に伝えられてから間もなく、或日の午後、私があたかも丸善の事務室に居合わした時、紅葉さんがお見えになりましたと一店員が知らして来た。重態の病人が自身に来るはずはないから、紅葉の使いのものか、さなくば尾崎違いであろうと訝《いぶか》りながら店へ出て見ると、痩《や》せ衰えた紅葉が書棚の前で書籍を漁《あさ》っていた」

実際、紅葉はこの時、既に胃癌《がん》の末期だった。

魯庵が紅葉に、「大変悪いように聞いたが、能《よ》く出て来られたネ！」と語りかけると、紅葉は、ニッと笑いながら、「本統に悪いんだよ」と言って、「寿命は最《も》う定《きま》ったんだが、元気はマダこの通りだ」と言葉を続けた。

そして魯庵が、「何を買いに来た」と尋ねると、紅葉は「『ブリタニカ』を予約に来たんだが、品物がないッていうから『センチュリー』にした」と答えた。「どんなものだか冥土の土産に見て置きたいと思ってネ。まだ一と月や二タ月は大丈夫生きてるから、ユックリ見て行かれる」

二カ月待てるならば、内容の充実している『ブリタニカ』の方も入架できている、と魯庵がアドバイスしたら、紅葉は、とりあえず二カ月先は生きていると思うが、その『ブリタニカ』が着いた時に、「幸い息が通《かよ》っていたにしてもヒクヒクして最う眼が見えないでは何にもならない」と、冷静に、しかもいつもの軽みも忘れずに答えた。

尾崎紅葉はこのやり取りのちょうど四カ月後、明治三十六年十月三十日にこの世を去る。

二〇〇五年七月三日掲載

戦局への関心と「書き方」

伊藤整

昭和十九（一九四四）年七月十日

サイパンは八日に戦闘を休止したという。一万とか二万とかの在留邦人がいたが、その人たちはどうなったのであろう。『太平洋戦争日記（三）』（新潮社）

当時新潮社の社員でもあった作家の伊藤整は文学報国会に出席した友人から、同会で陸軍報道部のある中佐が語ったというその話を聞く。そういう噂《うわさ》はその数日前からあった。

七月二日。

「この頃《ごろ》は学校でも新潮社でも、話が戦争のこととなると、サイパンはどうなるか、敵は小笠原島に取りつくのではないか、いやフィリッピンに向って進み、フィリッピンで大決戦が行われるだろうとか、下手をするともうサイパンは取りかえせないのではないかとかいう話ばかりである」

そして七月六日。

「サイパンの我軍陣地に敵肉迫して彼我入り乱れて白兵戦をしているという大本営の発表あり。もうこの島の守りは絶望的らしい。とうとうこの島をも守ることが出来なかった。二三日のうちに、また全員玉砕の悲報を見ねばならないかと思うと胸が痛み、あまり考えていることもまた辛《つら》い」

翌七月七日は、昭和十二（一九三七）年七月に、いわゆる「盧溝橋事変」が起きてからちょうど七年目に当たった。「満七年間の戦時生活は、我々の日常をすっかり変えてしまった。東京には食糧、衣類が極めて窮屈となり、敵米艦隊は小笠原諸島にまで肉迫して来ている」。そして伊藤整は、彼ならではの冷静さで、こう言葉を続けている。「私は漠然と、敵がサイパンや小笠原にせまったとしてもまさか本土は大丈夫だという風に感じていたが、本当はもっと深刻で、急に情勢がここらで一段と悪化し得る時なのかも知れない」

たとえ日記であっても（日記であるからこそ）、当時、このような正確な言葉を記録するのは危険が伴っていたはずである。だから、七月十四日の日記で、彼は、「日記の書き方を改めること」と題して、こういう自戒を記している。

「戦況は報告的なものを新聞の切抜によって編輯《へんしゅう》し、私はあまり書かぬこと。戦局の批評めいたことは避けるように努める。食物不足の話はなるべくやめ、鶏や農作物の仕事の記録を主にし、また生活の感想を主にすること」

実際、翌七月十五日の日記は、飼育している鶏の話や新潮社での仕事の記述が続き、最後は、「大和民族よ奮起せよ。この時こそ、我々の力の限りを使って、その生命を全うし、祖国の名誉と運命を確保しなければならない時だ」と結ばれる。

ただし、さらにその次の日（七月十六日）、海軍大臣嶋田大将の更迭について触れ、「我国は戦局不利の時に首脳部の更迭がよくある。（中略）またここで首脳部が変るのは、不吉な感じがしてならない。いよいよサイパンは駄目になったということか」と述べ、「日記の書き方を変えようかと思うが、結局関心事からそれることは出来ない」と結んでいる。誠実な作家魂だ。

サイパンの陥落が正式に発表されたのは昭和十九（一九四四）年七月十八日のことだ。「かねて覚悟していたことながら、事実の重さはひしひしと心肝に徹す」

二〇〇五年七月十日掲載

退学青年の「我々の時代」
大宅壮一

大正六（一九一七）年七月二十一日

僕は僕の友人等が喜び楽しむものに興味を見出す事が殆《ほと》んど出来なくなった。『大宅壮一日記』（中央公論社）

この年四月に大阪の茨木中学（旧制）の三年に進級した大宅壮一は、数え十八歳となった同年一月一日の日記で、こう書いていた。

「愈々《いよいよ》十八才の春が来た。僕も少年期を脱して青年期に入った。我儘《わがまま》な、横着な、浮薄な、自覚のない、根底の弱い自己を旧《ふる》い年と共に捨てて僕は此《ここ》に新しい自己を建設した」

続けて彼は、自分が今まであまりに「投書」に力を注ぎすぎていたことを反省している。

実際、大宅少年は、同じ中学の二級上の川端康成を驚かせる早熟な投書少年だった。「大宅氏は『中學世界』や『少年世界』などの投書家の花形として有名だつた。賞のメダルを並べると、部屋の四方をめぐらす鎖になるといふ噂《うわさ》を聞いた」（川端康成「文学的自叙伝」）

そういう彼が、この年の三月の『少年』春季増刊号への投書（二通共採用された）を最後に、投書家を引退してしまう。

当時、投書は、少年（青年）たちが文学者（作家）となるための一つの近道だった。

しかし大宅青年が目指していたのは、そのような文学者ではなかった。

夏目漱石の『吾輩は猫である』について彼は、このような感想を書き記している（四月九日）。

「面白いのは、文士の生活がよく穿《うが》たれている事だ。愉快な呑気《のんき》な彼等を眼前に見るようだ。こんな生活にあこがれて自称文士になる者が多いのだ。（中略）僕は文学を愛す。併《しか》し、これを本職としこれによって身を立てようと思わない。よし文士を希望していても我々の時代は自ら文士を気取って彼等の生活にあこがれて小説に没頭している時ではない」

「我々の時代」とは、海の向こうではロシア革命が起き、こちらでは「大正デモクラシー」が進行しつつある、そういう時代だ。

だが、大宅青年がいわゆる「文士」になろうとしなかったのは、それだけではない。

彼の祖父は素封家だった。しかし彼の父と兄が道楽もので、大宅青年は若くして家運をまかされていた。そういう実利者の視点が彼には強くあった。つまり「文学」と「実業」と二つの世界の中で彼は激しくゆれていた。

「此の頃《ごろ》の僕の頭から『文学』の二字を除いたら全く空虚である」（五月十五日）。「僕も文学者を志した以上は主義を定めねばならぬ。一日考えた結果、僕は自己研究を僕の芸術の主眼にしようと決心した」（五月二十日）。「これが一箇《カ》月前の自分であると思われない程僕の思想は変った。考えれば考える程益々判《わか》らなくなる」（六月六日）。「僕はよく気の変る人間だ、僕はもう文学者になろうという希望を捨てた」（六月三十日）

そして七月二十一日、夏休みを迎えたのである。「僕は読書によって傷つけられた僕の心をやはり読書によって癒そうと決心した」

この翌年、米騒動のあった年（大正七年）の夏、それを支持する演舌を小学校（富田高等小学校）の同窓会で行い、茨木中学から退学処分を受ける。

二〇〇五年七月十七日掲載

江の島にいた「60年の若者」

浮谷東次郎

昭和三十五（一九六〇）年七月二十七日

昨夜十二時、ねむたくなったので、ラジオのスイッチを入れて十二時半にメザマシを合わせて横になった。ラジオは海岸の話、エロ話をしていた。『オートバイと初恋と　わが青春の遺産』（ちくま文庫）

のちに日本屈指のカーレーサーとなり、二十三歳で事故死してしまう浮谷東次郎は、当時、名門都立両国高校の三年生だった。

高校生最後の夏休み、彼は、志望を、それまでの東京大学からアメリカ留学へと変える。昭和三十五（一九六〇）年七月二十二日の日記で彼は、こう書いている。「ぼくの進むのは心理学である。心理学は米国が本場である。ただ単に、学問という点からも米国留学は非常に有意義である。それに見聞は広がり、見る眼は大きくなり、世の大勢を知れるのだ」

いずれにせよ、その夏休み、彼は勉強に意欲をそそぐ。この夜も十二時半から勉強を再開するつもりでいた。ところが、ラジオから流れる「エロ話」を耳にしたら、「ぼくは、急に夜の江の島を考えた。よし、そのうちにこっそりと家を抜け出して行こう」。

十八歳の青年として彼は、健全な性欲の持ち主だった。

母親の美容院で働く秀子さんとデートをし、姉の誕生会で知り合った安井かずみさんという三つ年上の女性に心ひかれたりする。

彼は、「女」のことが今まで以上に気になってきたのだ。

ラジオを聞いて、浮谷青年は、その少し前に読んだある週刊誌の記事を思い出した。その記事によれば、夜の江の島に行けば女がひっかかり放題だというのだ。

善は急げ。早速彼は行動に移す。

「オートバイのエンジンの唸《うな》りも快調、夜中の東京を一路江の島へと向かっている。だいたい、夜こっそり家を出るなんていうのは、十五分前までは生まれてからこのかた考えたこともなかったのだ」

要するにラジオが悪いのだ、と彼は言う。「ちょうど、エロ番組をやっていて、夜の海岸で話し手の演ずるムーチャンとかいう男が、うまい工合にポチャポチャした女をせしめる――なんてのをくすぐったい工合に話をしていたのだ」

彼はいわゆる「カミナリ族」ではなく、オトキチだった。つまり、「女の子をのせるなんてのはオートバイ乗りの恥だ」と考えていた。そういう彼が、ラジオの深夜放送や週刊誌のヨタ記事にのせられて夜の江の島に向かった。

「さすがは江の島だ。一時頃《ごろ》だというのに、どこの店もみな開いている。人はぐちゃぐちゃ、とにかくにぎやかで、想像以上」。「男も女もいっぱいいる。だが、物欲しそうに、手もちぶさたで、あっちをジロジロこっちをジロリ、パンツの上からひっかけたシャツのボタンをはめないで、わざわざ肩を振って、そのシャツをひろげて胸を見せて歩いているのは、皆男である」

この日記の書かれた日附《ひづけ》に注目してもらいたい。つまりこれは、あの六〇年安保のおよそひと月後の出来事なのだ。歴史をあとから振り返ると一九六〇年の若者は六〇年安保の若者たちに代表されてしまうが、浮谷東次郎が書き残してくれた、こういう夏の江の島の若者たちも数多くいたのだ。

二〇〇五年七月二十四日掲載

「日本の文学」をめぐる事件

高見順

昭和三十八（一九六三）年七月三十日

「日本の文学」打ち合わせ会。例によって激論。漱石三冊、荷風二冊、谷崎氏三冊、康成二冊という案が社から出たが川端さんは二冊を拒み、あくまで自分は一冊でいいと言う。漱石も二冊となる。『続　高見順日記　第二巻』（勁草書房）

中央公論社から全集「日本の文学」の編集委員になってほしいと高見順のもとに連絡があったのはこの年の五月二十九日のことだ。

「中央公論、嶋中社長から電話。同社からも文学全集を出す。その編集委員になってほしいと言う。川端、伊藤（整——引用者注）、大岡、三島、それに谷崎潤一郎といった顔触れ」

そして最初の選衡会が開かれたのはそれから一週間後の六月四日のことだった。夜の十一時まで議論が白熱した。

「今までは被害者だったが、今度初めて加害者になれて、いい気持だ」という大岡昇平の

「冗談」に、高見順は、「私も同感」と書き、筑摩書房の全集で自分が武田麟太郎と二人で一巻に収められてしまったことへの不満をもらしている。

高見順は、やはりこの年の三月十九日の日記で、当時流行の日本文学全集の当世風に厳しい批判の言葉を書き記していた。

河出書房の「現代の文学」シリーズのラインナップを例にとり、「この『現代の文学』は現代における文学の堕落を示している全集である」と述べ、「全集中の私の認めない作家」について、「獅子文六（全面的に認めない）」、「大佛次郎（惜しい人だと思う）」、「幸田文（随筆家である）」、「坂口安吾（いい作品もあるが）」、「井上靖（すぐれた作品もあるが、しかし本質的には中間小説作家か）」と、純文学とそうでないものとの間に強いこだわりをみせていた。

松本清張のことも高見は認めていなかったが、「この間『文學界』の連載を読んで、文章はうまいと感心した。しかしあの乱作にもかかわらず、文章が乱れてないと感心したというところもある」と一定の評価を与えていた。

ところがその松本清張の扱いをめぐって事件が起きる。

七月十七日。

「松本清張君を入れるかどうかが、大問題になった。嶋中社長はみなの家を訪れて、入れてほしいと頼んだのだが。三島君がまず強硬意見を述べる。大岡君も、入れるのに反対する」もしも松本清張を入れるなら自分は委員を降りるし、この全集のラインナップに加えてもらいたくない、と三島由紀夫は言い、そういう三島を、高見は、「三島君というのは立派な男だ」と日記に書く。

中央公論社側は、「松本清張を二本立てということで譲歩してくれぬか」と提案する。「二本立て、一本立てということではなく、入れるか入れぬかという問題だ。入れれば、この全集の性格がすっかり変ってしまう。三島君は『責任が持てぬ』と言って、委員辞退を口にする。川端さんが、やっぱりそれでは入れないことにしたらどうですと言う。これで結論が出て、社側も折れた」

そのあおりを受けて、中央公論社は、予定していた松本清張の個人全集を文藝春秋に取られてしまうが、その時の松本清張の怒りは、宮田毬栄の『追憶の作家たち』（文春新書）に詳しい。

二〇〇五年七月三十一日掲載

東京音頭をめぐる世代差

森銑三

昭和八（一九三三）年八月三日

帰り、動物園前にて踊ありと聞きて、行きて見る。『讀書日記』（出版科学総合研究所）

当時三十七歳だった書誌学者の森銑三は毎日のように上野にある帝室図書館に行った。この日もまず午後に一度通い、晩に再び通ったその帰りのことだ。

踊り、というのは、「東京音頭といふものをレコードによりて踊」っていたのだ。「眼鏡あり、髭《ひげ》あり、お下げあり、断髪あり、三側四側になり、単純に手足を動かして、歌につれてぐる〱廻《めぐ》り行く。いかにも愉快らしく、この内には日々の新聞の三面を賑《にぎ》はす、いまはしき事件をかもし出す人々などあらざるべしと思はる」

西條八十作詞、中山晋平作曲の『東京音頭』はこの年七月にビクターから発売され、八月一日に芝公園で開催された主催時事新報社、後援東京市による盆踊り大会「東京音頭踊り」の大盛況をきっかけに爆発的なブームとなる（レコードは百万枚以上売れたという）。

この二日後の上野公園でのこういうシーンを目撃した森銑三の記述は、凄《すご》いスピードでブームが波及していったことを裏付ける貴重な証言となっている。

森銑三は、さらに、こう書いている。

「大人も子供も一つになりて夏の一夜を踊るといふはまことによきことなりかし。各学校にても、運動場を解放して、校長先生はじめ踊り出さんはいかに」

その東京音頭を嫌った人に永井荷風がいる。

荷風は、『濹東綺譚』で、「東京では江戸のむかし山の手の屋敷町に限って、田舎から出て来た奉公人が盆踊をする事を許されていたが、町民一般は氏神の祭礼に狂奔するばかりで盆に踊る習慣はなかったのである」と皮肉な言葉を述べたあと、こう続けている。

「わたくしは震災前、毎夜帝国ホテルに舞踏《ぶとう》の行われた時、愛国の志士が日本刀を振《ふる》って場内に乱入したため、その後舞蹈の催しは中止となった事を聞いていたので、日比谷公園に公開せられた東京音頭の会場にも何か騒ぎが起りはせぬかと、内心それを期待していたが、何事もなく音頭の踊は一週間の公開を終った」

永井荷風は偏屈な人として知られたが、その荷風が心ゆるした数少ない年少者の一人が森銑三だった。

例えば昭和十三（一九三八）年七月十五日森銑三は荷風のもとを訪れ、「種々新しき話を」

聞いた。当時荷風はよく浅草に出入りしていたが、浅草オペラ館の今どきの俳優たちは、西洋の映画や音楽には詳しくても歌舞伎をはじめとする日本の伝統芸術にはまったく無知である、と言った。「旧《ふる》き伝統を無視せる新しき芸術の生れんとするは愉快なれど、全くそれらの人々の時代となりなん時、わが国はいかなる姿をか呈すべき。寒心に堪へざるものなしとせず」と森銑三は書いている。

　だから東京音頭の評価をめぐるこの二人の世代差は改めて興味深い。

二〇〇五年八月七日掲載

神谷美恵子

昭和二十（一九四五）年八月十二日

十日午後八時五十分頃《ごろ》、同盟のラジオを通して日本はポツダム宣言に基づいた降伏をアメリカ側に申し出た由、短波と首っ引き？　の寿雄から知った。『神谷美恵子著作集　補巻1　若き日の日記』（みすず書房）

ＩＬＯ（国際労働機関）の日本政府代表や初代のニューヨーク日本文化会館会長をつとめ、戦後最初の文部大臣となる前田多門を父に持ち、兄にパスカル研究の世界的大家前田陽一がいる神谷（前田）美恵子は、昭和十九（一九四四）年秋に東京女子医専を卒業後、東京大学精神科の医局に入局し研究を続けていたが、昭和二十年五月の大空襲で自宅を失い、東大精神科の病棟の住み込み医師となっていた。

この年八月九日、「患者からのお芋を三キロ頂いて、重すぎる荷をかついで最終列車で」、家族の疎開している軽井沢に向かった。八月十日の日記で彼女はこう書いている。「昨夜の山の空気の美味《おい》しかったこと。空の星の輝きの清らかであったこと。一つ一つに無限の感慨を感じた」。それは戦況がいよいよ悪化して来たからでもある。「新型爆弾はやはりatomic bomb〈原子爆弾〉なること、短波でHが聞いた由、そして今日午後三時、我国とロシアとの宣戦布告のあったこと、など父上から聞く」

そして八月十二日、ポツダム宣言受諾の報を、弟の前田寿雄から知らされる。

「日本は更に同日十時頃、一刻も早く回答を切望すと催促している。然るに今日に至るまでまだ何の発表もない。天皇の権威につきポツダム宣言は何等触るところなきものと認めて……と日本側が言ったのが引っ掛かっているらしい。しかし敵側ははや日本降伏との報にお祭騒ぎをしている」

さらにこの日の午後四時半。

「日本の申し入れが受諾されし由、短波放送あり。いよいよ新しいエポックだ。但《ただ》し、受諾の条件につき、日本側から何と答うるか」

そのタイムラグにもアメリカの攻撃（空襲）は続く。

八月十三日の日記。

「朝五時半頃から一日中、約八百機の艦上機来襲、帝都、長野、上田等やられた。日本側より未だ何等返答なし、このサスペンスは相当いら立たしい。新聞の論調はガラリと変り、来たるべき降伏への準備をしている」

その間、彼女の父前田多門のもとを、松本重治や蠟山政道といったリベラリストたちが訪れ、「これからの日本の政治に就き」、「話して行かれる」。「近衛（文麿――引用者注）氏もこの間見えた由、家に帰ると時局の流れに直接に触れる心地がする。これからの日本人の考え方、教育のあり方の重大さを考えさせられる」

だから彼女は日記に、このような決意の言葉を書き記す。

「エミールやスピノザのエティクや、ジョンスン伝や、寝っころがっていろいろなものを拾い読みし、殆《ほとん》ど何も考えずに泣いたり、ぼやぼやしたりして過ごしたこの数日は、しかし日本にとっては有史以来初めてのどん底の断末魔だったのだ。これからの日本の屈辱の歩みを真に意義あらしめるために、私も勇気を新たにふるい起し、力の限りを尽くすべき時が来たのだ」

二〇〇五年八月十四日掲載

終戦直後の「皇軍」の混乱

大佛次郎

昭和二十（一九四五）年八月二十日

吉野君の話で材木座あたりでは米軍が小さい子供を軍用犬の餌にするとて恐怖している母親が多いという。無智《むち》と云《い》うのではなくやり切れぬことである。『大佛次郎 敗戦日記』（草思社）

戦争が終わっても様ざまな流言が飛び交い混乱が広がる。

吉野君というのは同じ鎌倉に住む歌人の吉野秀雄のことであるが、大佛次郎は、この日の日記をこう続けている。

「敵占領軍の残虐性については軍人から出ている話が多い。自分らが支那（中国――引用者注）でやって来たことを思い周章しているわけである。日本がこれで亡《ほろ》びないのが不思議である」

しかも軍人たちの行動は一貫していない。「土佐沖と沖縄で敵艦隊へ突込んだ件が二ミッツを怒らせ、上陸は早かろうと木原君が東京から聞いて来る。停戦命令の出たあとに卑《ひ》怯《きょう》な行動なのである。しかしやった奴《やつ》は忠義でやったと思っている。悲しいことである。指揮者は少将だと云う。国民がその為《ため》に苦しむことになる」

大佛のもとには各地の噂《うわさ》が入ってくる。

例えば、「逗子あたり重機をかついでよろよろした水兵が戦争はこれからだぞと町を呼号して通る由」。そして、「佐助（鎌倉市の地名——引用者注）あたりでは一戸に十人宿泊していた部隊が二十人ぐらいとなりさかんに気焔《きえん》をあげているという。集団的に生活していることで狂乱の調子を合せるよりほかはないらしい」。その一方で、「宇都宮あたりは兵に毛布や米をやりどんどん帰国させているそうである。松本から帰った木下利玄の息子の話では、大詔を聞き部隊長はにこにこしすぐに解散の手続を取ったと。農民は叛軍《はんぐん》のビラを見ても馬鹿《ばか》にしている」。

その翌々日の毎日新聞に載った「長崎の惨状」を報じる写真入りの記事を見て、大佛は二十二日の日記でこう書く。

「大本営の発表は損害は軽微なりとありしが、実は一物も存せざるような姿である。敵側は地形のせいか完全に効果があったと発表していたのだ。どうしてこういう大嘘《おおうそ》を平気でついたものだろうか」

大佛次郎は、そういう軍部の姿勢を、戦後の混乱と結び付け、強く批判する。

「これが皇軍なのだから国民はくやしいのである。部下が妄動しているのも取締れぬ筈《はず》だ。彼らも上層部から無智にせられ欺瞞《ぎまん》されてきたのである。あるいは純朴に自分たちがまだ勝てると盲信している若輩もおるのであろう。将軍たちは全く意気銷沈《しょうちん》している。現在皇軍の為に真実に働いている軍人は幾たりいるのだろうか」

同じ日、大佛のもとを友人である某大佐が訪れる。彼は、「悄気《しょげ》ているかと思うと明るい元気で」、最初に「御大詔」を知った時、「次の戦争にそなえ技術の温存」をすべしということかと思ったが、「二三日してこれは間違いで」あると悟った。つまり、「日本のような大国が瑞西《スイス》の如く軍費に労されぬ国として成長すれば世界を驚かすものが」あって、それで「勝つ」のだという。

その「楽天」な意見に、大佛は、「なるほどそれもそうである」と同意している。

二〇〇五年八月二十一日掲載

官業精神と初の「空の旅」

竹内好

昭和三十七(一九六二)年八月二十六日

『竹内好全集　第十六巻』(筑摩書房)

国鉄の非能率と不親切をイヤというほど味わされる。

中国文学者の竹内好はこの日、昭和三十七（一九六二）年八月二十六日、東京市ケ谷の私学会館で開かれていた『思想の科学』の研究会の総会に参加し（「年長組は磯野、久野(収)、竹内だけ。鶴見俊輔が丸坊主になっている。午後は大会。『思想の科学運動の将来』というテーマである。思ったほど活気がわかなかった」）、夜八時過ぎに東京駅を発車する国鉄の特急列車で岡山に向かうことになっていた。

その岡山行きは講演のためであったが、スケジュールは、翌二十七日の午後三時ぐらいの開始予定だったのだろう。

ところが東京駅に着いてみると、折からの台風の影響で「鉄道は不通になっている」という。

「案内所は黒山の人だかりで近よれない。さっぱり情報がつかめぬので弱る。おまけに人いきれとむし暑さで汗だくだくになる」

そして、冒頭に引いた一節のあと、竹内の日記は、こう続いて行く。

「案内所に殺到する旅客はみな同じ質問をし、係りの駅員は個々に同じ答えをくり返しているだけなのだ。なぜ拡声器を使わぬのか。臨機の対策が全然ない」

しばらくすると、上り線だけの単線運転中という掲示が出た。大阪までの特急の運行は中止となり、「長距離特急と急行は時間は未定だが運行するという」。だがそれ以上の詳細の説明はない。「ともかく乗せてやるから旅客はじっと待っておれ、ということなのだろう」

竹内は十時頃《ごろ》まで待ったが、らちがあかないし、「肉体の疲労と神経のいら立ちが限界に近づ」いてきた。

「この分では明日の講演に間に合わなくなる。思い切って鉄道をあきらめて日航本社へ行ってみる。夜行便は全部売り切れだが朝の便はまだある。朝の飛行機の方が大阪で先発の列車をつかまえる可能性が大きいと判断して、八時の便の切符を買う」

そして国鉄の切符を払いもどしてもらおうとしたのだが。

「これがまた長蛇の列。おまけに計算がのろくて、一人に数分はかかる。窓口をふやすか、計算を手分けしたらよさそうなものだが、そういう臨機の配慮は断乎《だんこ》として行わぬという官業精神は見あげたものだ」

翌日、予定通り、八時羽田発の日航機に乗り、九時半に伊丹に到着する。

実はこれが彼にとって初めての飛行機体験だった。

その少し前に彼は、日航から、「航空便を利用したことがあるかないか、有無とその理由」についてのアンケートを受け、「無、理由は必要なし」という回答を寄せていた。彼が、「必要なし」とした最大の理由は、「航空便を常用すると思考のテンポが狂うおそれがある」からだという。

しかしこの予期せぬ初体験を終えて、竹内は「空の旅もわるくない」という「結論」を得る。

二〇〇五年八月二十八日掲載

震災の不安心理とデマ

岸田劉生

大正十二（一九二三）年九月一日

今日といふ日は実に稀有《けう》の日である。恐らく安政以来の大地震とも云《い》ふ可《べ》き大地震があつて、湘南、横浜東京を一もみにつぶしたのである。『劉生日記四』（岩波書店）

大正十二（一九二三）年九月一日正午前、東京横浜を中心とする関東地方を、マグニチュード七・九の未曾有の大震災が襲った。

いわゆる関東大震災である。

岸田劉生はその頃《ころ》、神奈川県の鵠沼に暮らしていた。肺結核の疑いがあって、転地療養のため彼は、大正六（一九一七）年二月、東京駒沢からその地に移り住んでいたのだ。

この日、大正十二年九月一日、劉生は、朝から仕事をせずに、妻の蓁《しげる》と花札遊びをし、自分が負けて、かんしゃくを起こしていた（劉生はかんしゃく持ちで知られていた）。その時。

「十二時少し前かと思ふ、ドドドンといふ下からつきあげる様な震動を感じたのでこれはいけないと立ちあがり、蓁もつゞいて立つて玄関から逃れやうとした時は大地がゆれて中々出られず蓁などは倒れてしまつた由、とも角外へ出るとつなみの不安で、松本さんの方へかけ出さうとすると照子（劉生の妹――引用者注）が大地になげつけられ松の樹で眼をやられたとて蓁がかゝへて血が流れてゐる。あゝ何たる事かと胸もはりさける様である。家はもうその時はひどくかしいでしまつた」

田んぼの中で「腹迄《まで》つかつて」、逃げて行こうとすると、「地面がゆれ、われて、あぶない」。電線が地面の近くに落ちてきている。

そして、その途中で、親切な米屋に出会い、どうにか難をのがれる。「今の世に珍らしい人々の家族だ。この家の事は永く〳〵忘れまい。再生の恩人である」。その時、「横浜は全滅東京も駄目等の悲報来る」。

劉生の耳に入ってくるのはそれだけではない。

関東大震災の時、朝鮮人や社会主義者が暴動を起こし町を襲っているというデマが流れた（流された）ことはよく知られている。

九月二日の劉生の日記。「午后より、朝鮮人が、暴動をしてゐてせめて来るといふ。恐怖に恐怖也。米屋と思はれてはといふので炭俵を裏へ運ぶのを手つだふ」

九月五日の日記。「東京では社会主義者と労働者が事をなしてゐるとか不安也。もしこの上日本が赤化でもしたら本当に自分等はどうしたらいゝのだらう。神よどうぞ御守り下さい」

そういう人々への取り締まりを口実に戒厳令が布《し》かれる。

九月六日の日記。「朝鮮人はもうおさまつた由、安心也。軍隊出動ある由、感謝す」

劉生はこのあと、九月十七日横須賀から船に乗り、静岡で汽車に乗り換え、名古屋を経て、九月二十日の午後四時頃京都に到着し、その地に移り住む。

到着した夜、『白樺』の仲間である志賀直哉らと会って雑談をしていたら、大杉栄が「甘糟といふ大尉（甘粕正彦——引用者注）に殺された」事実を知る。

「大杉は好きではないが殺されるのはよくないと思つてへんに淋《さび》しい気がした」と書いている。

二〇〇五年九月四日掲載

殉死への「当世風」の反応

内田魯庵

大正元(一九一二)年九月十四日

此日《このひ》は早く起きて御大葬の盛儀を拝読すべく新聞を待つてゐたが、何時《いつ》まで経《た》つても来なかつた。「氣まぐれ日記」『内田魯庵全集 第四巻』(ゆまに書房)

御大葬というのは、もちろん、明治天皇の御大葬のことである。東京の青山葬場殿で挙行された御大葬の盛大な様子を知ろうと内田魯庵は、その日の新聞を待っていた。

しかし十時になっても十一時になっても配達されなかった。その内に、近所の家に「寄《き》寓《ぐう》せる書生」がやって来て、「昨晩は御大葬を拝観して家へ帰ると乃木さんが自殺したといふ騒ぎで到頭《とうとう》寝られませんかつた」と言った。そして「えゝ、乃木さんが死んだ?」、「先生、知らないのですか、号外が出ましたぜ」というやり取りののち、魯庵はこう書いている。

「世間から遠ざかつてる太平の遊民たる余は此の一大事のあつたのを翌《あく》る日の十二時近くまで知らなかつたのだ」

乃木大将の自殺は、しかし、魯庵に強い衝撃を与える。

「将軍の心事は以心伝心に了解せられて、悲壮なる殉死の光景が眼前に展開し来る如き心地がして、此日は一日談話も読書も興が乗らず、何とも云へぬ感慨が胸一杯であつた」

翌日（九月十五日）の新聞はどれも「初めから終りまで乃木将軍の記事を満載して」いた。魯庵は、それらの新聞を、「幾度も繰返して一行一句の末までをも咀《そ》嚼《しゃく》して精読」した。

「其《その》中で将軍の心事は諒《りょう》とするが其手段は感服出来ぬと難じたのが某々の二新聞で、将軍の心事が了解出来ぬとか、原因が解《わか》らぬから批評が出来ぬとか言つた人が三四人あつた」

魯庵はそういう当世風の意見にいきどおりをおぼえる。

「世の中の一番利口な奴が一番人間らしく無い奴だと杜翁（トルストイのこと——引用者注）が言つたのは之だ。日本の歴史に養はれて聊《いささ》かなりとも乃木将軍の人と為りを知つてるものならコンナ利口振つた事は言はれぬ筈《はず》である」

魯庵は乃木将軍の死を何かに意味づけようとは思っていない。（「有体《ありてい》に言ふと余は武士道の讃美者では無い」と彼は述べてもいる）。彼が大切にしたいのは、乃木将軍の自刃を「耳にした瞬間に必ず胸に響いたもの」、「此の first impulse 」である。「将軍の事を懐《おも》ふ毎《ごと》に余は其訃《ふ》に接したfirst impulseを忘れる事が出来ない。我等は未だ曾《かつ》て経験せざる心の波動を将軍の死に由《よつ》て覚えた」

この翌月（十月）に発売された雑誌『日本及日本人』では乃木将軍の自死が大特集されていた。しかし当時の新しい文学者たちの雑誌『スバル』や『三田文學』には「乃木の乃の字も見えなかつた」し、『白樺』は小さな六号活字の頁《ページ》に「アツサリと乃木将軍に同情すると書いてあつた」。

芸術と乃木将軍と直接の関係はないとはいうものの、それは、「何となく外国の雑誌でも見るやうな気がした」と魯庵は言う。「腹も立たないが変な気持がした」、とも。

二〇〇五年九月十一日掲載

戦中派の複雑な天皇観

山口瞳

昭和六十三（一九八八）年九月十八日

天覧相撲だと聞いて、テレビの前に緊張して坐《すわ》っていたが、お出ましにならない。あとで風邪でお見えにならないという断りがあったと聞いたが僕は知らずにいた。『還暦老人憂愁日記』（新潮社）

山口瞳がなぜそれほど緊張していたのかといえば、「天皇が相撲を観覧するのはこれが最後だと思っていた」からである。

「八月十五日の戦没者追悼のときの痩《や》せ方は尋常ではない。お出ましになればシッカリとお顔を見ておきたいと思っていた」

山口瞳の危惧《きぐ》は当たった。天皇はただの「風邪」ではなかった。翌日（九月十九日）の日記の最後の一行。「夜、天皇陛下、大量に吐血」

戦中派である山口瞳にとって、昭和天皇に対する思いは複雑なものがあった。

翌九月二十日の日記で、彼は、ある生き残りの特攻隊員が彼に語って聞かせたという、こういう言葉を紹介している。少し長くなるが全文を引いてみよう。（傍点は原文）

「あの方についての思いは複雑ですよ。お国のためとは言いながら、どうして俺《おれ》だけが死ななきゃならないのかって、実際はずいぶん悩んだんです。だから狡《ずる》いんですけど、全部あの方の責任にしてしまった。あの方が好きだから、あの方を尊敬しているから、あの方のために死ぬんだって自分に言いきかせたんです。軍国主義とそれとは違いますからね。だから、いま、申訳ない気持で一杯です。だって、全部あの方に責任を押しつけてしまったんですものね」

そしてそれから三カ月半後、昭和六十四（一九八九）年一月七日、午前六時三十三分、昭和天皇は崩御する。

その日の山口瞳の日記はこう書き始められる。

「僕はずっと天皇及び天皇御一家を憎んでいた。喰《く》うや喰わずの時代を生きてきたのだから、天皇に限らず財閥はもとより関西弁で言うエエシノコォ、もっとはっきり言えば大きな家に住んでいる人を憎んでいた」

鎌倉アカデミア時代の山口瞳の恩師である歌人の吉野秀雄は昭和天皇が大好きだった。だから「先生のお宅に伺うと時に困ることがあった」。吉野秀雄は天皇を、「純粋なもの無私なるものの極致として捉《とら》えて」いるようだった。

山口瞳の昭和天皇に対する気持ちも少しずつ変わっていった。

昭和天皇は念願だった沖縄行きを、病によって果たすことができなかった。

その時に天皇が詠んだ、「思はざる病となりぬ沖縄を　たづねて果さむつとめありしを」という歌を読んで、山口瞳は泣きそうになった。この歌は、「昭和期を代表する絶唱であると山口瞳は言う。「点滴ばかりで栄養をとる御病気中に『服《の》む薬はないのか』と言われたそうで、そのときも胸が詰った」

そして、一九八九年一月の山口瞳は、こう言う。

「僕の天皇についての思いと明治生まれの父の世代の思いとはずいぶん違う。父の考え方と祖父の考え方とでは、これも違う。僕の姿勢と息子の世代の姿勢は完全に違う。二十一世紀の青年と息子とでは、天皇に対する接し方の違いの見当がつかない」

二〇〇五年九月十八日掲載

最後の夏の不思議な記録

武田百合子

昭和五十一（一九七六）年九月二十一日

朝九時半　おかゆ一ぜん、かます干物一枚、キャベツ糠漬《ぬかづけ》、かつぶし、清《す》まし汁はかつおだし、半ぺん半分の実。
今日も清し汁の半ぺんをおいしがって食べる。今日はねたきりで口の中へ養う。食べ方がうまくなった。『富士日記（下）』（中公文庫）

武田百合子の長編『富士日記』の最後の一日はこう書き出される。

「清し汁の半ぺんをおいしがって食べ」ているのは、もちろん、彼女の夫である作家の武田泰淳である。

「毎朝、起きて顔をみると、少しずつ小さくなるみたい。ことに耳がほんの少しずつ薄く小さくなってゆくみたい。ひる頃病院より電話、明朝九時半に入院できるという。うれしい」

武田泰淳が体に変調をきたしたのは、この年の夏のことである。

八月二十二日。「口述筆記しているうちに、主人めまいがして、窓のところまで何故かやってきて、しゃがんでしまう。それから私の頸《くび》のところに倒れかかってくる」

八月二十八日には新潮社から、その少し前に開かれたパーティーの時の写真が送られてきて、その写真を眺めながら、武田泰淳は、「俺《おれ》、やせたんだなあ。洋服がぶかぶかで天皇みたい」、と繰り返し語ったという。その日の日記を、武田百合子は、「ときどき、不安が一杯の、手探りだけの、ざるで水を汲《く》み続けているような私」、と結んでいる。

九月二十一日、古くからの友人の竹内好と埴谷雄高が見舞いに来て、四人で談笑する。「そのうち、かんビールくれというので皆唖然《あぜん》とする。『今日は誰も飲んでいないよ。よくなったら飲もう』と竹内さんがいうと、湯呑《ゆの》みにビールいれて三人だけ飲んでいるという。『かんビールをポンとぬいてスッとのむ』と、手つきをして繰り返してねだる。『かんビールをポンとぬいてスッとのむ。簡単なことでしょう。かんビールくれ』と言う」

武田百合子が「ダメ」と言ったら、武田泰淳は、「いつのまにか権力者のような顔しやがって」と、彼女のことをにらみつけた。

この二週間後、昭和五十一（一九七六）年十月五日、武田泰淳は、胃ガンのため、港区の慈恵医大附属病院で亡くなる。

もともと武田百合子は、日記をつける習慣がなかった。
この年九月九日の日記の「附記」で、彼女は、こう書いている。「今思えば不思議なことに、五十一年の夏はほとんど欠かさず日記をつけた。武田は、私に日記をつけてみろとよくいったが、ものを書くのがイヤな私は家計簿すらつけなかった。山小屋を建ててからは、山にいる間だけでも日記をつけてみろといわれた」
そうしてつけたのが「富士日記」だったが、この年の終わり、富士の嶺《みね》から戻ってきたら、武田泰淳は、病の床についた。「それからは、いつも床のそばに私はいるようにした。眠っている間は何をしたらいいか、気分がざわざわするので、また、日記をつけはじめた」
『富士日記』は最初、文芸誌『海』の武田泰淳追悼号（一九七六年十二月号）に、一九七六年七月二十三日から九月二十一日までの二カ月分だけが掲載された。それをきっかけに作家武田百合子が誕生するのだ。

二〇〇五年九月二十五日掲載

「革命と反体制」への関心

大岡昇平

昭和五十五(一九八〇)年十月四日

午後七時ニュース、イラク・イラン戦争、イラン捲《ま》き返し、一つの都市の攻防をめぐって、一進一退を伝う。こうなると戦線膠着《こうちゃく》状態となりて、長期戦となるものなり。戦況報告に興味を失う。『成城だより』(文藝春秋)

この年満七十一歳になった明治生まれの大岡昇平は、体は確実に老いて行くものの、好奇心や社会的関心は青年時代と変わることなく(彼の少青年時代は大正デモクラシーから昭和モダニズムの時代に重なる)、とてもみずみずしい。

イラン・イラク戦争で彼が興味あるのは、「二つの石油産出国、軍事費を浪費して、商売物の油田のつぶしっこをしていること」であるという。それは「前代未聞」だと彼は言う。

「イラン革命、宗教的指導者の下に、三百万人民素手にて戦車を持つ五十万の常備軍を覆して革命達成せることまず奇蹟《きせき》なり。西欧にては不成功証明ずみの宗教的信仰の効用をフーコーら再認識す」

　ここで彼が名前を挙げているフーコーとは、もちろん、この年四月に亡くなったサルトルに代わって行動する哲学者となったミシェル・フーコーのことであるが、もう少し続けて大岡昇平の言葉を聞いてみよう。

「大使館員幽閉、西欧自称先進国の勝手にきめたルールに違反せるのみ、古代中世には西欧より先進国たりしアラブ遵守する必要なしという。互いに限りある資源を潰《つぶ》し合うも、西欧ルールにはなきもアラブにては理あり。石油あるは却って不幸のもとともいえる。気がすむまでやったらいいだろう。困るのはアラブの犠牲において、消費生活を勝手に放縦化せる大国なり」

　近代的な価値観ではもはや立ち行かなくなった時代に入っていることを、大岡昇平は、既にこの頃、鋭く見抜いていた。

　ところで、大岡昇平が批判している「大国」とはアメリカ的大国のことであるが、この頃、もう一方の「大国」であるソビエト的大国も足元がぐらつきはじめていた。例えばポーランドでは反体制のストが行われていた。

　十月一日、彼は、お茶の水の順天堂病院での定期検診を終えて、神保町の岩波ホールで上映されていたポーランド映画『大理石の男』を見ようとした。しかし上映前に入ったスナックのランチのサービスが遅く、結局、その日は見逃してしまった。

半月後の検査の際に念願の映画『大理石の男』を見終った後、この映画をもとにした雑誌『世界』のポーランド特集号を熟読する（十月十五日）。「『大理石の男』は七七年度の作品にして、造船所労働者の家畜の如き出勤風景イメージ化されあり、スターリン時代の英雄の末路を追求せる実験映画は映写不能となり、編成係はスパイと化せんとす。元保安警察員、キャバレー主人となりて、『資本』を持っていると誇りある現状を告発す。日本の映画製作者、文士共はなにをしているのか、といいたいところだが、そんならお前は何をしているのか、といわれれば一言もない」

ホメイニのイラン革命もポーランドの反体制ストも、宗教の力の新たな復権と言えた。そのことをふまえて大岡昇平は、「どうやら現状は、デュルケムの昔に戻って、個人の利益追求を両義的にとらえ、集団志向を考えなければならない時になっているようである」（十月十七日）、と述べている。

二〇〇五年十月二日掲載

東京五輪でテレビ漬けに

吉野秀雄

昭和三十九（一九六四）年十月十日

オリンピック開会式の日、幸ひ秋空美しく晴れ上りて日本中のよろこびとなる。

『吉野秀雄全集　第六巻』（筑摩書房）

九月二十九日の日記で、吉野秀雄は、「近頃、熱心にはテレビ見ぬやうになつた。殊に夜は何があらうが、夕飯終へてしばらくするとどんどん寝てしまふ」、と書いている。病弱のせいもあるが、会津八一の弟子である彼は、万葉人のような古いタイプの日本人だった。

しかし、そんな彼の病床にも、東京オリンピックが近づいてくる。

十月六日。「オリンピック、オリンピックで世間はいたづらにざわざわしてゐるらしく、病床にゐる自分までうかうかすると気持みだれる。ばかな話だ。例へば聖火リレーとかでこんなに津津浦浦まで熱狂する国が世界にあらうか」

十月七日。「ＮＨＫＴＶで聖火リレー3のコース、4のコースが東京都庁前に到着するところを見たが、見物人六十万人とか。日本人このところどうかしてゐるのではないか。そしてこつちまで少しへんになつたやうな気がする」

十月九日になるとそのトーンが少し変わる。

「明日からオリンピックだが、ぼやぼやテレビ見て時間空費したのでは、飯の食ひ上げである。しかしやはり引きずられることであらう」

十月十日の開幕当日を迎えると吉野は、冒頭に紹介した感想を持つ。

そして、いざ競技が始まると、テレビ漬けの日々となって行く。

十月十一日。「オリンピックの競技はじまり、朝から晩まで見て、身体休ませた。重量挙げバンタムの一ノ関史郎三位入賞し、初の日の丸あがる」

十月十二日。「四時半に起きて、新聞、雑誌読み、ラヂオ、テレビ聴き且《か》つ見る」。「今日もオリンピックテレビ放送見る」。「夜もテレビ見て遊んだ。重量挙げのフェザー三宅義信優勝す」

「午後オリンピックＴＶぼんやり見る」と書いた十月十三日は、「オリンピックがはじまり、ＴＶを熱心に見るやうになつてから生活が狂つた」という内省的な言葉を口にしているものの、その後もやはり、吉野秀雄は、オリンピックのテレビ中継を見続ける。

例えば、この十日後の十月二十三日も、午後一時から柔道の無差別級を見て（「神永はオランダのヘーシンクと二度合ひ、一度は僅差《きんさ》にて敗れ、一度は一本（袈裟《けさ》固め）とられて完敗したり。がつかりしたり」）、夕方六時から体操種目別、ボクシング、女子バレーボールを見て、さらに、「一度一時間半ねたあと、夜十一時頃までテレビ見た」と書いている。

だから、オリンピック終了の三日後、十月二十七日の日記では、「オリンピックのあと、テレビそのものにくたびれ、夜の番組を見る気持なくなつた」と語っている。

オリンピックによって「日本人意識をとりもどしたことはよかつたと思ふ」（同二十五日）というのが吉野秀雄の最終的な感懐だ。

二〇〇五年十月九日掲載

文化シーンに躍り出る

植草甚一

昭和四十五（一九七〇）年十月十九日

早く寝たので九時半に起床。朝日に「ぼくは散歩と雑学がすき」の広告が出ているのでビックリ。晶文社としては初めてなんじゃないかな。『植草甚一日記』（晶文社）

それまで特異な映画評論家・ミステリー評論家・ジャズ評論家だった植草甚一が一部の若者たちから（例えば雑誌『デラックス・パンチ』の紹介記事などによって）熱狂的に支持されるようになったのは一九六〇年代後半であるが、その人気がいよいよ一般化して行くのは一九七〇年十月の『ぼくは散歩と雑学がすき』（晶文社）の刊行によってである。

植草甚一のもとに晶文社から見本本が十部届けられたのは十月十三日。その数日後に（発売日に合わせて？）、晶文社としては異例の広告を朝日新聞に打ったので植草甚一は驚いた（たぶんその三年前の一九六七年五月に出した植草甚一の晶文社からの最初の本『ジャズの前衛と黒人たち』の売れ具合を見て、晶文社はそのブーム、、が本物であると読んだのだろう)。

広告の出た二日後、一九七〇年十月二十一日の夜。「八時半に約束した『ユリイカ』の三浦君、十時になって、やっと来たので叱《しか》りつける。それに借りたいといったランボーの本なんかない。『ジャズの前衛と黒人たち』を買って来たのでサインし、こんどの本をあげる」。ここに登場する「『ユリイカ』の三浦君」とは、もちろん、現在評論家として活躍している三浦雅士である(その他にも例えば植草甚一のこの一九七〇年日記には、『話の特集』の来生さん」として作詞家の来生えつこも登場する)。

翌十月二十二日には新宿の紀伊國屋書店でサイン会が開かれた。

「二時半に高平君(高平哲郎のこと――引用者注)『サイン会』のため車で迎えに来る。『ディッグ』の二十冊分サインし、四時きっちりに紀伊國屋にすべり込む。五時までサインしどおしで五十冊。みんな若くて似ている。面白かった。日野皓正がやってきた」

当時はまだこの種の文化の最新流行、いわゆるシーンというものがあった。そしてシーンのフロントに躍り出ると様々な雑誌や媒体から注文が殺到する。

十月二十九日。「きのう電話がずいぶん掛ってきた。そのたびに注文を断わったが『言語生活』『婦人公論』は、長話したので、美術手帖の書きかけの先を忘れてしまう」。そして、「今日も原稿の注文(フレーベル館)があったけれど、四月号の締切が来週なので断わった」。

しかし実は、『ぼくは散歩と雑学がすき』の売れ行きは、今どきのベストセラーと比べて（いや、グッドセラーと比べても）それほど大したものではなかった。

十一月十二日。「一時に起きる。晶文社、中村さんから二千部増刷の電話」

その六年後の一九七六年の日記（『植草甚一コラージュ日記①』平凡社）の四月二十二日の項に、「『ぼくは散歩と雑学がすき』が三万三、五〇〇部になっているのでおどろいた」という記述がある。

つまり、数字（売れ行き）を越える意味を持つ新刊というものが、その頃まではまだあったのだ。

二〇〇五年十月十六日掲載

異郷で知る「戦局」の行方

徳永康元

昭和十五（一九四〇）年十月二十四日

重元から手紙。三国同盟を日本では有頂天になってるらしいが、いかんことだ。

『ブタペスト日記』（新宿書房）

のちに言語学や東欧文学の碩学《せきがく》となる徳永康元は、当時、ハンガリーのブダペスト大学に留学していた。

彼が長い船旅の末ブダペストの地に着いたのは一九四〇年二月七日。そしてブルガリアのソフィアから、トルコ、ソ連領カフカス、中央アジア、シベリア、満州（現・中国東北部）を経て日本に帰国したのは一九四二年六月のことである。

その間、ドイツ軍がパリを占領し、独ソ戦争が始まり、日本がアメリカに宣戦布告する。そういう波乱の時期を東欧の小国で過ごした、彼は、稀有《けう》な日本人だった。

日独伊のいわゆる三国同盟が調印されたのは昭和十五（一九四〇）年九月二十七日（そ

の二週間後、十月十二日には大政翼賛会が発足する)。

その日の日記で徳永青年は、こう書いている。

「日独伊三国協定が突然発表され、いよいよ日本参戦かとおどろいたら、はっきりアメリカを対象にしたもので(参戦の場合、経済、政治、軍事上の援助をする)、ソヴェートは明かに目的とせずとあり、日本のためにはかえってよかったと安心し、明るい気持にさえなった」

徳永青年は、緊迫する国際情勢の中で日本とソ連の間で戦争が始まることを懸念していたのである。だから、弟徳永重元からの手紙で、三国同盟締結によって好戦気分に浮かれる日本の様子を知って、「いかんことだ」と思ったのである。

彼は何よりナチス・ドイツが好きでなかった。「到頭《とうとう》今朝、ドイツはソヴェートに開戦した」と始まる一九四一年六月二十二日の日記で、彼は、こう書いている。「ドイツの自信はおそろしいものだ。しかしこうなってもドイツはやはり好めない。日本にとっても僕にとっても、ドイツが簡単に勝たなくては大変なのだが。何にしろドイツの力にはソヴェートも対抗できそうもない気がするが、どういう結果になるか」。そして続く六月二十三日の日記でも、「それにしてもナチがすべてに成功することを考えると、まだ何かいやな気持がある。英国にしろ、いよいよ今度は一か八かだが、どういう成算があるか」と書いている。

一九四一年十二月八日の日米開戦を知らされたのは旅先のホテルのポーターによってだった。

「予期しないことではないとはいいながら、一寸《ちょっと》ことばもでなかった。くわしいことは分らないが、ラヂオの特別放送というからは本当だろう。日本も到頭打って出ざるを得なかったのか。或《あるい》は、アメリカの方からの攻撃だったかもしれない。何にせよ、戦争の起りは、こういう予期しない現地の衝突からなのだ」

翌日の日記で彼は、「皆と一緒に日本のために戦死するなら、少しもさびしくない」けれど、「こうして異郷で一人犬死をすることは、たえられないことだ」、と率直な気持ちを書き記している。

二〇〇五年十月二十三日掲載

上京に求めた「希望の影」

石川啄木

明治三十五（一九〇二）年十月三十日

かくて我が進路は開きぬ。かくして我は希望の影を探らむとす。記憶すべき門出よ。

「秋韷笛語《しゅうらくてきご》」『石川啄木全集　第五巻　日記Ｉ』（河出書房）

明治三十五（一九〇二）年十月二十七日、数え十七歳になる啄木石川一は、盛岡中学を中退する。

中退の理由は幾つかあった。恋愛問題やカンニング事件。しかし最大の理由は彼が文学に目覚めたことであろう。

のちに言語学者として名をはせる級友金田一京助（当時のペンネームは金田一花明）の影響で与謝野鉄幹の文芸誌『明星』を読みはじめ、さらに同誌を発行する新詩社の社友となった啄木の作品（短歌）が初めて同誌に採用されたのがこの年の十月（号）のことだった。

そして同年十月三十日、地元好摩《こうま》駅をあとに東京へと向かったのである。

東京に着いたのは二日後の十一月一日の朝だ。「うつゝなの想ひにのみ百四十里をすぐして午前十時上野駅に下車し雨中の都大路を俥《くるま》走らせて十一時頃小石川なる細越夏村兄の宿に轅《えん》下《か》させせぬ」。その日の彼はその文学仲間（先輩）の細越夏村と「談つきずして夜遅くまで眠ら」なかった。

翌日の夜、その住まいとなる「小日向台丁三ノ九三、大館光氏方に移る」。「室は床の間つきの七畳。南と西に椽《たるき》あり。眺望大に良し」

さらにその翌日（十一月三日）、自分の上京を知らせるハガキを二十名近くに送り（その中にはもちろん鉄幹もいた）、午後、「一人忍ばずの池の畔より上野公園に上り日本美術展覧会」を見たりする。「陳套《ちんとう》なる画題を撰んで活気なき描写をなすは日本画界の通弊也」

待ちに待った新詩社の集会に初めて参加したのは十一月九日のことだ。

集まったのは鉄幹をはじめとして、岩野泡鳴、相馬御風、山本露葉（山本夏彦の父）ら啄木を含めて計十四名だ。

「都は国中活動力の中心なる故万事活潑々地の趣あり。かの文芸の士の、一室に閑居して筆を弄《ろう》し閑隠三昧《ざんまい》に独り楽しめる時代はすでに去りて、如何なる者も社会の一員として大なる奮闘を経ざるべからずなれり」。「我は今日の集会に人々の進取の気盛んなるに大によろこぶ、その社員遊説の挙の如き以て徴すべし」。「あゝ吾も亦《また》この後少しく振るふ処あらんか」

啄木が痛感していたのは文学者としての自分の未熟さだった。

だから彼はこのあと、読書と英語の学習に精を出す。

「一日英語研究に費す」(十一月十二日)。「午時《ひるどき》より番町なる大橋図書館に行き宏大なる白壁の閲覧室にて、トルストイの我懺《わがざんげ》悔読み連用求覧券求めて四時かへる」(十一月十三日)。「大橋図書館に一日を消す」(十一月十六日)。といった具合にである。

その啄木が、失意の内に、父親に伴われて故郷岩手に戻るのは翌明治三十六(一九〇三)年二月二十七日のことだ。そしてその翌年明治三十七年十月、彼は「新進詩人」と自負して再び東京の地を踏む。

二〇〇五年十月三十日掲載

私小説家のテレビ出演

外村繁

昭和三十五（一九六〇）年十一月九日

私は生れて初めてタレントになつた。『阿佐ヶ谷日記』（新潮社）

それまで地味な私小説家であった外村繁はこの年、昭和三十五（一九六〇）年九月に刊行した『澪標《みおつくし》』によって新しい読者を開拓した。

そんな彼のもとにコマーシャルの依頼が来た。

「数本のパイロット萬年筆の中から一本を選び、その萬年筆で、社会時評風の感想を書き、その原稿を写真にとり、私の写真とともに広告に載せ、小さく『この原稿は××を使用したものです』とコンマーシャルするといふ」

テレビ番組のゲストにも呼ばれた。

十一月二十三日の日記。

「先日、日本教育テレビの『メイコのごめんあそばせ』にゲストとして出た。テレビは初めての経験である。メイコさんのお父さんは私と同時代の文学青年で、新興芸術派の俊才であつたし、彼女の叔父さんには、氏の河出時代に出版のことなどで、世話になつたりしてゐたので、メイコさんとは心安く話ができた」

「メイコさん」とはもちろん、昭和初期の人気作家中村正常の娘であるタレントの中村メイコのことである。

番組中の対談でも『澪標』のことが話題になった。

『澪標』が評判になったのは、その作品内容もさることながら、作品を生み出していった外村繁の生活環境のゆえもあった。

この作品で読売文学賞を受けた時、昭和三十六（一九六一）年二月十一日の日記で、彼はこう書いている。

「『群像』の松本さんが来宅し、私の性欲史的な作品を書いてみないかと、勧められたのは、一昨年の暮のことであつた。しかし私にはさういつた傾向の二三の作品もあり、集大成といつても、自ら重複してくる部分もあらうと、私は一向に気乗りしなかつた。

ところが、昨年の二月、私の妻が乳癌《がん》にかかり、入院して手術をした。私は悲しみのあまり、すつかり気力を失つてしまつた。

が、病院に妻を見舞ふ途次、突然、私は妙に力が湧《わ》き起こつた。さうして、私が妻のためになし得ることは、作品を書く以外にない、と思ひ直した」

妻が乳癌にかかったその闘病生活を「新聞や雑誌に書いたので」、外村繁は、「見知らぬ人から手紙をもらふやうになつた」（昭和三十五年十月五日）。

しかもその間（九月七日）、彼自身の癌の再発が明らかになる。「しかし奇妙なことに、私はそれほど打撃を受けなかつた」。「つまり私は内心妻に死に後れることを恐れてゐたのである」

ところで、六〇年安保のあった年に彼が万年筆の「コンマーシャル」で書いた一文は「愛国心」と題されている。その最後の一節を引く。

「自分の生れた国を愛さない人間はあるまい。例へば安保条約に反対した人人は愛国心が欠けてゐるからではない。その正否は別として、反対する方がより国を愛する所以《ゆえん》であると考へたからであらう。恐るべきは愛国心を私有化することではないか」

二〇〇五年十一月六日掲載

生活のため本を売る算段

黒田三郎

昭和二十三(一九四八)年十一月十日

本を整理して夕刻「詩と真実」など岩波文庫を十八冊、「現代語訳源氏物語」改造文庫七冊都合二十五冊をこころみに売りにゆく。『黒田三郎日記 戦後篇Ⅱ』(思潮社)

鮎川信夫や北村太郎や田村隆一らと並ぶ『荒地』派の詩人黒田三郎は大正八(一九一九)年生まれ。

太平洋戦争で最も多く犠牲者を出した世代である(いわば彼らは日本の、「失われた世代」である)。

黒田三郎も、昭和十七(一九四二)年九月に東京大学を繰り上げ卒業したのち、南洋興発株式会社社員としてジャワ島に赴き、終戦もインドネシアで迎え、帰国できたのは翌昭和二十一年のことだった。

同年十二月に日本放送協会に入局したものの、生活は苦しく、昭和二十三年五月から、

ＮＨＫに勤務のかたわら、日本歯科大学予科で非常勤のドイツ語講師を兼務する。

同年六月二十四日の日記。

「今週中に多分、時間外手当の追加支払、給料（以上放送局）、給料（学校）貸しの返しなどとりまぜて九千円ばかりはいるだろう。ところが、よく考えてみると、この九千円で、本一冊買う余裕は出て来ない。背広を仕立てることなど思いもよらぬ」

当時の物価はどのようなものだっただろう。「金曜日にはお米を一升二四〇円で、又じゃがいもを一貫匁一二五円で買った。土曜日にはカストリやピイスに五〇〇円」（六月二十八日）。「きょうはアパートの部屋代一五〇円、電灯電熱料一四三円六〇銭、雑貨四〇円合せて三三三円六〇銭を支払った。この外ガス代五九円、新聞代八四円を加えると一カ月四七六円六〇銭になる。五〇〇円あれば足りるのだ」（八月二十八日）。「きょうは、午前中母と新宿迄《まで》買物に出た。大分前から言い言いしていた、洗面器、湯桶、屑籠《くずかご》などを買ってくる。三〇〇円あれば足りるのだ」（十月六日）

先にも口にしている背広や冬のオーバーも欲しいし、食器棚や電気スタンドや電気アイロンなども必要だ。

「しかしこれだけ余分のものを生み出すためには、一年でも容易ではない。明日から本を売る算段と原稿を売る算段をしよう、と思う。教師の副業だけでは何ともならない。今月の収入は、放送局と学校と合わせて、やっと一万円である。或いは一万円を欠けるかもしれぬ。之は、親子二人のカツカツの生活費だ。一万円を欠いたら煙草《たばこ》代にも困ることになる」（十一月七日）

そしてその三日後、本を売りに行ったのである。

「二軒当ってみて夫々《それぞれ》千五百円と吹っかける。岩波は星ひとつ二十円改造は原価の百倍で計算して一、三七〇円の値段である。一、三〇〇円でうれた」

二十五冊の文庫本が月収の七分の一相当の金に替わったわけだが、翌日も、例えばハイデッガーの『存在と時間』など十二冊が千八百円で売れた。

本は、この当時、単に知的財産であるのみならず、そのような実質を伴った財産であったのだ。

二〇〇五年十一月十三日掲載

「心の不安」と過去への態度

内田百閒

大正六（一九一七）年十一月二十三日

先生は過去を顧なかつた。其暇《その》に新しい仕事をするといふ言葉を先生の口から聞いたのを覚えてゐる。私は過去に溺《おぼ》れる度に先生を思ひ出す。「百鬼園日記帖」『内田百閒全集 第三巻』（講談社）

内田百閒が日記をつけはじめたのは、この年、大正六（一九一七）年七月二十八日のことである。

神田神保町の専修大学で開かれていたドイツ語講習会の一時間休みの「ひまに表神保町の文房堂へ行つて」、日記帳を買ってきたのである。

「心の表を通り過ぎる印象、心の底から消えて行く記憶を此《この》帳面に残す」と記したあと、彼は、こう言葉を続けている。

「此頃の取りとめのない死の不安（考へてゐる内に此文句を書くのが恐しい、いやな気がした）が腹の底で此帳面を書けと云つたらしい。死んだ後に妻に丈《だけ》でも何物かを残したい。しかし夫《それ》が何にならう。まだ死といふものをほんとに考へてゐないかも知れない。それから又創作の心覚えにしようとも考へた。これは真面目であり役にたつ」

のちに第一著作集『冥途』（大正十一年）にまとめられる作品の草稿を、彼は、この二年ぐらい前（大正四年頃）から書きはじめていたが、この時期の彼は身辺多忙だった。

しかし、数え二十九歳の青年が、なぜ、これほど強く「死の不安」にとらえられているのだろう。答えは、次の一行にかくされているかもしれない。

「それから先生がかういふ帳面をつけてゐたので私も夫にならふのである」

先生、というのは、前年の暮れに亡くなった夏目漱石のことである。

百閒は師夏目漱石の全集を刊行するために原稿（「虞美人草」の決定稿）の整理をしていた。

その師をまねて日記をつけはじめたのだが、冒頭に引いた一節にあるように、日記をしるす（いわば現在を過去にする）態度は、二人、正反対だった。同じ日（十一月二十三日）の日記で、彼はまた、こう書いている。

「私が過去をそんなに顧るのは私の過去だからである。価値あるが為でない事は解《わか》つてゐる。しかし、『価値』はなくてもいいから、何等《なんら》かの意味で又何程かの程度に可愛さと、なつかしさとが、拙劣や生意気を引去つた後にも猶《なお》残つてゐるものでなければ私は顧る必要もなく、第一顧たくない筈《はず》である。ただ過去に書いたものといふ丈では私に何の意味もない筈である」

この言葉は十月二十九日の日記の、こういう一節に対応している。

「そんなに過去を大事がつても、えらくならなければ、そんな事に費すすべての努力と心労は無意味だと心の一部が批評する。しかし私はさう行かない。えらいえらくないは他人の批判で左右せられ易《やす》い。自分の過去は自分に取つて再び繰り返すことの出来なかつたただ一つの経験である」

明治二十二（一八八九）年生まれの百閒は、慶応三（一八六七）年生まれの漱石に対して、いわば新人類であるが、数え三十歳になった大正七（一九一八）年一月の日記を、彼は、「三十になつてうれしい。暗い穴から出た様な気がする」、と書き出している。

二〇〇五年十一月二十日掲載

三島事件への複雑な感想

佐藤榮作

昭和四十五(一九七〇)年十一月二十五日

十一時半頃警視庁からの連絡で、市ケ谷自衛隊総監本部に暴漢乱入、自衛官陸佐等負傷の報あり。一時間後には、この連中は楯《たて》の会長三島由紀夫その他ときいて驚くのみ。気が狂ったとしか考へられぬ。『佐藤榮作日記 第四巻』(朝日新聞社)

昭和四十五(一九七〇)年十一月二十五日、作家の三島由紀夫が市ケ谷の自衛隊東部方面総監部に乱入し割腹自殺をとげた事件は、多くの人々に衝撃を与えた。

時の総理大臣佐藤榮作はこの事件について、「気が狂ったとしか思えない」、という一言で切り捨て、その発言は、のちのちまで世間に流布された。

佐藤榮作のこの見解は、それからおよそ四半世紀のち(一九九七年)に公刊された『佐藤榮作日記』によっても裏付けられた。

ただし、この日記は、こう続いている。

「詳報をうけて愈々判《いよいよわか》らぬ事ばかり。三島は割腹、介錯《かいしやく》人が首をはねる。立派な死に方だが、場所と方法は許されぬ。惜しい人だが、乱暴は何といっても許されぬ」

そして翌日の日記。

「今日から、昨日の所信表明に対する各党の代表質問初《ママ》まる。開始は午後一時の予定の処、NHKが昨日の三島君の割腹自殺につき特別報導をするので、一時五分から開始」

代表質問でも、「中共問題、日米繊維交渉、公害一般」と並んで「三島事件」が取り上げられた。

当時の防衛庁長官中曽根康弘は、事件の直後に開かれた記者会見で、「まことに迷惑。自衛隊はいささかも影響を受けない」、と、さらに、「体験入隊は、思想的にアブノーマルな人たちに利用されないよう、こんご検討する」、と言った。

さらに彼は、全自衛隊員に向けて、次のような訓示を出した。

「暴力によって法秩序を破壊することは、民主主義を真向から否定することであり、政治上の問題は政治家の手にゆだねることこそ民主政治の原則であることを改めて想起せよ」

三島由紀夫に対して、彼は、それまで、自衛隊の良き理解者と絶賛し、その存在を利用していたのにである。

事件（三島由紀夫の檄《げき》文等）について、自衛隊内での「ショック調査」が行われたことを『週刊朝日』(同年十二月十八日号)が記事にしている。

「この調査は東京・練馬や千葉・習志野の部隊など、東京やその近辺の第一線の隊員約千人を無差別抽出して行われたらしい。その結果、大部分の隊員が『(檄の)考えかたには共鳴する』と答え、少数ではあるが、『大いに共鳴する』と答えて、幕僚長らをふるえあがらせたという」

ただし彼らの多くは、その「行動にはとてもついてゆけない」と答えたという。

佐藤榮作は事件の一週間後、文芸評論家の江藤淳に会い、「三島事件を話合」い、二時間近く「意見の交換」を行った。

三島の葬式は翌年一月二十四日、築地の本願寺で行われた。佐藤榮作は日記で、「或は一部不穏の動き等あるとの事で色々心配したが何等の事なく、平穏にしかも約一万人の会葬者で盛会だった由。舟橋聖一君が随分心配しておられたが、無事終了した事は何より安心」と書いている。

二〇〇五年十一月二十七日掲載

開戦に際会した反戦作家

秋田雨雀

昭和十六（一九四一）年十二月四日

晴。非常な快晴。米国は交渉経過を暴露している。『秋田雨雀日記 第3巻』（未来社）

秋田雨雀はこの時五十八歳。劇作家や童話作家として活躍する彼は、日露戦争に反対する新体詩集『黎明』でデビュー以来の筋金入りの反戦主義者で親ソ派だった。大正十（一九二一）年に日本社会主義同盟に加わり、昭和四（一九二九）年にプロレタリア科学研究所所長となり、昭和九年、新協劇団結成に参画、同十五年にはその劇団の活動によって検挙された。

そういう経歴を持つ彼だけに日記の記述は慎重だった（その点についてはあとでまた触れる）。なぜなら日記はその人物の思想の根拠となり得るからだ。

にも関わらず、やはり、そこには、当時の彼の微妙な本音が反映されている。

十二月八日。

「今日朝からラジオで日米交渉が断絶し、帝国は英米両国に対して宣戦を布告したことが報ぜられ、つづいて詔勅が放送された。東条首相の声明も朗読された。間もなくマニラ、ハワイ、グァム等でのわが空海陸軍の行動が放送された。日米交渉は確かにここまで押しせまっていたものに相違ない」

そして雨雀は、このような内省の言葉を書き記す。

「落ちついて自分の仕事にいそしめ、いやしくも誤解を蒙《こうむ》るような言動をつつしめ」

快進撃を続ける日本軍の戦況が次々と報道されていく。しかし……。

「感激的な戦況が刻々に報道されている。子供たちも戦争についてぼんやりした知識を持っているようだ。町の人々も落ちついて戦況の報道をきいている。夜、室を整理して静かに読書した」（十二月十一日）

十二月二十四日（クリスマスイブの日）、午後一時から、もと東京会館だった場所で行われた大政翼賛会の文学者愛国大会に「動員」させられた。

「定刻までに四百名ほどの人が集った。国民儀礼、国歌斉唱の後、高浜虚子氏が宣戦の大詔を捧読、安藤翼賛会副総裁、谷情報局総裁の挨拶《あいさつ》があり、議長推挙で菊池寛君が座長の席につき、参加者発言で佐々木信綱氏以下十人ほどの人が感想をのべた」

中でも、「尾崎喜八の『芋《いも》』の詩は面白いものだったが、途中センチメンタルな語調になったので妙な感動を与えた」。そして、「宣言及び決議朗読後、二重橋に行進、万才三唱」した。

大晦日《みそか》の日記を雨雀は、「いろいろな受難の年ではあったが、生活の前途に一途の光明のほのみえてきた年。多難ではあったが希望に充《み》ちた年が行く」と結んだのち、「この頃の日記はほぼうそばかりかかなければならなかった」と註記（後記）している（ただし、翌日、昭和十七年元旦の日記を、「晴。いい元旦。しかし戦争！」と書き始めている）。

ところで興味深いのは、一月五日の、「夜、月の下を神楽坂から九段に出た。静かな境内」という一節だ。

戦争が始まった直後の正月の靖国神社であったというのに。

二〇〇五年十二月四日掲載

巣鴨での日々と「義憤」

笹川良一

昭和二十（一九四五）年十二月十一日

十二時半に昼食を御馳走になり、身体検査後種痘と予防注射二本をしてくれ、体温、血圧迄《まで》計つてくれたが体重と身長とは計らなかつた。此点《この》日本と違ふ所。『巣鴨日記』（中央公論社）

敗戦から四カ月経《た》った昭和二十（一九四五）年十二月、占領軍であるアメリカGHQによって多くの戦犯容疑者が逮捕、巣鴨プリズンに拘禁された。

戦犯容疑者に指定された中にはいわゆる右翼的な人だけではなく、近衛文麿や、木戸幸一のようなリベラリストもいた（近衛は同年十二月六日に逮捕令の発令を受け、その十日後、青酸カリによる服毒自殺をとげる）。

十二月一日に逮捕令を受けた笹川良一が巣鴨に拘禁されたのは同月十一日のことだ。

その日から笹川は克明な「巣鴨日記」を記しはじめる。

彼が一番驚いたのは、「大事な人身を拘禁するに当て聴取書一枚取らな」かったことである。

「日本でさへ起訴状を読み聴かせ捺印《なついん》後収容する。然《しかる》に世界一人権を尊重する米国が此の様な方法で人身を拘禁してゐるとすれば正に日本以下である」

笹川はかつて、その十年ぐらい前、右翼活動をしていた時、恐喝容疑で四年間の刑務所暮らしを経験したことがあった（のち無罪）。昭和十一（一九三六）年に二・二六事件が起きた時、「獄中より弁護人を入れ」ようとしたら、「勅命により一審制にして弁護士禁止との報告を当時の大阪憲兵隊河村少佐特高課長より受け」、「愛なき権力国を亡《ほろ》ぼすと絶叫して寺内陸軍大臣の残虐なる行為を罵倒《ばとう》した」ことがある。その時同様の「義憤」がまたこみ上げて来る。

「その国の政治の善悪は刑務所を見れば大略知る事が出来る。米国から見れば日本は四等国である。その日本でさへ拘禁に際しては慎重に起訴状を読み聞かせ訊問《じんもん》する。然に米国は我等を収容するに当り起訴状も何も読み聞かせず、住所年令職業のみを記入して拘禁した。人権を尊重する事に於《おい》て世界第一と称する米国がこんな不合理なる取扱を自国の国民に致しておるのであろうか。そうであるとすれば日本以下の野ばん国である」

もし日本が敗戦国であるからというのなら、それを「正義人道主義」による裁きとは言わせない。

「戦争中ならいざ知らず降参して戦争がすんだ以上は、世界平和確立の一人として加へ、裁判の如きは公平無私に米国民と同様に取扱わねば、我々の自由平等の為に軍閥を膺懲《ようちょう》すると大言した米国はウソ付きとなるは勿論《もちろん》、日本人を始め世界人類の怨恨《えんこん》を買ふ事になる」

そして笹川良一は、このような疑問を口にする。「一体僕等は如何《いか》なる法律に依《よ》りて如何なる根拠によりて収容せられてゐるのか判《わか》らない」

翌十二月十二日の日記を彼はこう書き出している。「顔知の連中の多い事。食事運搬時の行列の姿奥様連中に見せたら何と云つて泣くだろう。皆女中を使つてゐた連中。辛《つ》らかろう」。そしてこれに対して、「皆と比較して前の経験もあり風呂たき迄する。最低生活に満足する自分は一寸も苦痛でない」と言葉を続けている所に笹川良一ならではの逞《たくま》しさがある。

二〇〇五年十二月十一日掲載

レジスト青年の就職試験

深代惇郎

昭和二十七（一九五二）年十二月十四日

自由について。

〈自由〉という事について少し考えてみた。それは難しい問題だし、いろいろな角度から観《み》ることが出来るだろうが、僕の考えたのは極めてプチブルらしい考え方だった。

『深代惇郎青春日記』（朝日新聞社）

プチブル（小ブルジョア）という言葉を不用意に口にしてしまったことを深代惇郎は反省する。

「プチブルだから、その考えはいけないということにはならない。問題をレッテルで簡単に処理出来ると考えるのは、ちょうど今の社会で『それは赤だ』といって問題の解決にしてしまうのと似ている」

「それは赤だ」というフレーズは、十月十五日の日記の、「僕が、就職問題に関してにがにがしい妥協をしなければならなかったことは、今の社会の赤恐怖症の如何《いか》に深刻なものかを、充分推測させるに足りる」という一節と重なり合っている。

四月に講和条約が発効し日本が独立を回復したこの年、東京大学法学部四年だった深代青年は、朝日新聞と毎日新聞の試験を受け、両方合格する。

十月十四日に朝日新聞の口頭試問を受け（「笠信太郎さんが大分突っ込んで来たが、何とか切り抜ける。大きな失敗は無かった筈《はず》」）、翌十五日に毎日新聞の口頭試問を受けた。

「昨日の朝日新聞より僕自身の立場をやや右に調節する。可笑《おか》しな話だが、その可笑しな事をしないと馬鹿をみる。可笑しな奴か馬鹿な奴か、何《いず》れかを選ばなくてはならない」

それが彼にとっての「妥協」だった。

「毎日の調書の中に短所を記入する項がある。妥協性と書いておいたが、その意味に気附いた試験官は恐らく居るまい。口頭試問の時、結局妥協せざるを得ない事を知って居たからだ。僕の短所としてより入社試験の短所のつもりで書き入れた」

十二月十四日の日記に戻ろう。将来の新聞記者である深代惇郎はレッテル的思考に疑問を投げかける。しかもそれを自分の事として受け止める（その内省が彼を名ジャーナリストとする）。

「今の人は自分で問題を起こし、自分でそれを解決しようとする努力を避けたがる。僕などもその最たるものだ。本で考え、本で解決する。新聞や雑誌、或いは中間的読み物（週刊誌）には、大変要領良く問題点が整理されてのっている。一方、御丁寧にも、その次の頁《ページ》にはその原因や経過の分析があり、最後にその問いに対する解答、或いはそこ迄《まで》いかなくても、正しい考え方が書かれてある」

だから、翌年の一月二十一日の日記（『ディアボロ』という同人誌のための草稿）で、彼はこう書いている。

「マスコミの力が大であればあるほど、その害も大きいし、その利益も大きい。我々はこの力を正しく利用すべきなのである。その大きな害を防いでその大きな利を獲得しなければならない。しかし、これも又天下国家の大きな問題で、怒鳴ってみたところで、具体的に我々のなすべき事は出て来ない」

だから我々のすべき事は、「マスコミに対して常に批判し、レジスト（抵抗——引用者注）する事」だと深代青年は言う。

深代惇郎が四十六歳の若さで急逝したのは丁度三十年前、昭和五十（一九七五）年十二月十七日のことである。

二〇〇五年十二月十八日掲載

総合雑誌黄金時代の年末

木佐木勝

大正八（一九一九）年十二月二十五日

今日は校了休み。

ボーナスはもらってしまったし、月給は年末なので特別早く二十日にもらっていたし、もう年を越す用意といっても、独身者の自分などは何をすることもない。『木佐木日記　第一巻（大正八年—大正十四年）』（現代史出版会）

早大英文科を卒業した、木佐木勝（明治二十七年生まれ）は、この年、大正八（一九一九）年七月、伝説的な編集者瀧田《たきた》樗陰《ちょいん》のひきいる雑誌『中央公論』のスタッフに加わる。当時の『中央公論』は黄金時代で発行部数は十二万部を超えていた。

実際、この日（十二月二十五日）の日記で、木佐木勝は、

「時代の波はいま烈《はげ》しく動いている。欧州大戦後の世の中の動きを見続けてきて、今年は特に波の揺れが大きかったように思われる。吉野作造や大山郁夫のデモクラシー運動の主

流と、それと結びついた『中央公論』の活躍を自分は学生時代から見てきたが、今年になって、自分も『中央公論』に関係してから吉野博士と最も因縁の深い瀧田樗陰を知り、自分自身も身近かにこれらの人々を感じ、これらの人々とともに、時代の動きの中心に身をおいているように感じた」

と書いている。

そして木佐木は、続けて、こう述べている。

「一方には今年になって『改造』や『解放』のような『中央公論』の立場とちがった特色ある雑誌が出てきて、社会主義陣営の人々がこれらの雑誌の舞台に多く登場してきた」

そう、この年、大正八年は、新しい総合雑誌がぞくぞくと創刊された。ここに名前の挙がっている二誌の他に、『社会問題研究』、『我等』、『デモクラシイ』などの、である。

吉野作造は、「第三階級のためのデモクラシーに対して、第四階級のデモクラシーの主張が鮮明になってきた」のがこの年の特色だといった。

「それとともに、今年になって自分たちの身近かな事実として次々と起こってきた多くの労働争議、国際労働会議の代表問題の紛争事情など、これらの事実から今年は労働問題が中心となって、すべてのものが動き、社会的波紋が拡《ひろ》がって行ったように見える」

そういう変動する時代の中で、『中央公論』にとって一番脅威だったのがこの年四月に創刊された『改造』である。

十二月二十七日の日記で、木佐木は、こう書いている。

「こんどの『改造』は思い切ったことをやったものだ。『精神改造』号と銘打って、千ページで特価一円というのだ。『中央公論』は八百ページで一円五十銭だからページ数でも定価でも『改造』のほうが大いに安いということになる」

しかも、「『改造』の新興勢力を背景にした編集ぶりには魅力を感じる」と木佐木は認めている。けれど、この新年号の「精神改造」号という特集はいただけないと彼は言葉を続けている。

「樗陰氏が『改造』の編集は無定見だといつも言っているが、社会主義をひょうぼうしているこの雑誌が、『精神改造』号を出して人道主義者武者小路（実篤）氏あたりをかついでいるのを見ると、そう言われても仕方がないようだ」

二〇〇五年十二月二十五日掲載

ドサ廻りの旅先での正月

古川ロッパ

昭和二十三（一九四八）年一月八日

午前五時に起される、辛《つら》い、まだ真ッ暗。顔は拭いたゞけ、口を洗って、食事。生卵かけて少々食ふ。五時半すぎ、もう迎へ来る。トラックだ、運転台に乗る、皆は吹き晒《さら》しのとこ、寒からう。『古川ロッパ昭和日記 戦後篇』（晶文社）

戦前はエノケン（榎本健一）と並び称されていた「喜劇王」の古川ロッパに、戦後の波はきびしかった。時代遅れの喜劇人になりつつあった。

昭和二十三（一九四八）年の正月を、彼は、ドサ廻《まわ》りの旅先で迎える。

前年（昭和二十二年）の十二月三十日まで、徹夜続きで、映画『金色夜叉』の撮影をこなしたあと、翌日、大晦《みそか》日の午後には神戸にいる。「神戸は終戦後初めてだ、三ノ宮あたりから元町、山の手の方、あゝやっぱり哀しき焼跡。新開地に近き、福原関西劇場へ着いたのは、三時半。十一月に開場した関西劇場、中々大きくて綺麗《きれい》である。が、楽屋は寒々として〻、風情なし」。四時から舞台稽古《けいこ》の予定だったのだが、楽団員が来ていない。「明日京都のキャバレーから楽士何人でもいゝから連れて来て呉《く》れるやう手配する」

ロッパの宿は須磨にある劇場主の大きな邸宅の離れだった。

そして翌日、昭和二十三年元旦。

「八時、『お風呂が沸きました』有りがたいね、先《ま》づは、元旦早々風呂へ入れて、めでたし。風呂から出ると、大きな重箱四つ重ねたるが、でんと置いてある。屠蘇《とそ》を飲み、雑煮を祝ふ。味噌《みそ》雑煮である。大重箱、開けて吃驚《びっくり》玉手箱、おせちの色々、眼も綾《あや》、『凄《すご》いねえ、お前たち、こんなの見たことあるまい』書生たちの曰《いわ》く、『主婦之友の附録のやうです』」

ところがこれがとんだくわせもので、劇団員の丸山夢路らが泊まっている宿（それもその劇場主が経営していた旅館なのだが）では、「元旦に雑煮も出ないといふ待遇、飯も足りなくて哀しいと言ふ」。

一月二日。「九時すぎ、起き出でゝ入浴、あゝやっぱり朝湯は幸福。朝食、おやく〳〵、屠蘇も雑煮も出ず、重箱も姿を消しちまひ、卵やき少々と海苔《のり》、ひどく粗末になっちまった」

最終日（一月五日）の夜。

「夕食の皿並ぶ、何と章魚《たこ》に蟹《かに》、食ふものない上に、畜生、千秋楽になりゃこのやうなことをする、酒ありませんと来た。畜生め、あゝ嫌な目に遭ふ」

そして次の巡業（飾磨）を終えて、一月八日、津山の新地座に向かった。

ロッパはその劇場に「着いてびっくり」する。

「此《こ》の小屋は、明治六年とかに、お城の払ひ下げの材料で建てたものださうで、汚いにも何にも——楽屋の畳なんか鶏小屋の如《ごと》し、その上、しんしんと寒く、かほするのも冷たし」。さらに、「舞台もかなり汚く、盆（廻り舞台の円内部分——引用者注）はグラグラで穴だらけ」だった。

しかし客の入りはなかなか良く、「二階からぶら下ってる足多し。活気もあり」、ロッパは「快演する」。

おまけに食事の方も悪くなかった。

「白いさしみや焼魚、山の中には反《かえ》って魚がある。かす汁（名物らしいが、これは大阪の方がいゝ）、ビフテキ等々いろいろ」

二〇〇六年一月八日掲載

大震災後の余震と流言

岡本綺堂

大正十三（一九二四）年一月十五日

午前五時五十五分ごろ激震、おどろいて庭に飛び出した。電燈は消える、棚の物はころげ落ちる。震動は十分間以上もつゞいた。わたしは寝衣《ねまき》一枚で飛び出したので、あさの寒さが身にしみて困つた。『岡本綺堂日記』（青蛙房）

大正十二（一九二三）年九月一日の関東大震災のあとも、関東地方に不安な余震が続いた。

中でも、正月早々の大正十三年一月十五日の地震は大きかった。

しかし前回の教訓も活《い》かされていた。

「丁度《ちょうど》どこでも朝飯の仕度最中であるから、屹《きっ》と出火があることゝ内々警戒してゐたが、どこでも先度の震災にかんがみて、十分に用心したとみえて、幸に何事もなくて済んだらしい」

当時その日は奉公人たちの年に二日間の貴重な休日、いわゆる〝藪入《やぶ》り〟に当たってい
た。「藪入りの日にこの強震では、宿下りの小僧達もおどろいたことゝ思はれる」
新聞の号外も出た。
「なかには随分誇大の報道をしてゐるらしいのもあるが、横浜方面から小田原伊豆方面は
例に依《よ》つて被害甚しく、東海道線の列車は不通となつたといふ」
ただし通常の紙面ではこんな具合だった。
「夕刊をみると、幸に市内の被害は軽微であつたらしい。しかし其《その》後にも余震がたびく繰
返されるので、なんとなく落ちつかない」
その数日後、一月十九日、「明廿《はつか》日には又もや強震が襲来するという流言」が盛んに飛
びかう。
その日、一月二十日は、ちょうど明治座で綺堂の芝居『朝飯前』の初日だった。
「本日激震の流言がいよく しきりである」。「明治座初日で十二時ごろからゆく。満員で
はあつたが、やはり地震の流言がひゞいたとみえて、いつもほどの景気ではないとのこと
であつた」
綺堂は他の演目も見物し、午後十時過ぎに明治座を出た。
「表へ出ると、旧暦十五日の月が冴《さ》えてゐる。十時ごろに微震があつたさうであるが、激

震の流言は嘘《うそ》ときまつた。こんな流言はやめなければいけない」

ところで岡本綺堂は、大震災で、麹町元園町の家や家財を失ってしまったけれど、その年（大正十二年）十一月二日の日記で彼は、こう書いている（当時彼は麻布に仮転居していた――それから『女性』というのはその頃の人気雑誌）。

「日がくれてから十番を散歩。帰つて『女性』の原稿についてかんがへる。それには参考書として膝栗毛をよむ必要があるが、焼失して坐右《ざゆう》に無い。再び十番の通りへ出て、本屋三軒をさがしあるいたが、どこにも見付からないので空しく引返す。家屋も家財も惜むに足らない、蔵書一切を焼き失つたのが私に取つては大損害である」

だから彼は、精力的に古本屋を歩き回り、元あった本を買い求めて行く。最大の余震のあった翌日（大正十三年一月十六日）も、こんな具合である。「午後からあたゝかくなる。散歩。例の古河橋の小川書店で古本五六冊をかふ」

彼の代表作『半七捕物帳』はこういう時期（大正十二年四月〜同十四年四月）に相次いで刊行されていったものだ。

二〇〇六年一月十五日掲載

郊外への移住、そして散歩

遠藤周作

昭和四十五（一九七〇）年一月二十五日

日曜日、例によって町田の街を歩く。郊外の街の日曜日。小さな百貨店にはアドバルーンがあがり、遊園地で子供たちが滑り台やブランコに乗り、囲碁道場では中年の男たちが碁をやっている。それらを一つ一つ、ゆっくり見てまわる。『遠藤周作全日記【下巻】1962―1993』（河出書房新社）

「例によって」というのは、同じ年の一月十一日の日記の書き出しのこういう一節に対応している。

「静かな日曜日。町田を散歩する。日曜日、こうした郊外の小さな都市の盛り場を目的もなく歩くのは好きである」

遠藤周作が、渋谷の松見坂上から柿生《かきお》の里に移り住んだのは昭和三十八（一九六三）年三月のことだった。

その直後に連載されたエッセイ「狐狸庵閑話《こりあんかんわ》」で彼はこう書いている。

「私が荒廃した東京を厭《いと》うて、この柿生の里に狐狸庵なる庵《いおり》をむすんで、はや半年にちかい。おとなう者も稀《まれ》な山里であるから、筧《かけひ》の水とくとくと、文字通り花鳥風月を友とし晴耕雨読の生活である」

当時の柿生の様子はこんな具合である。

「狐狸庵は丘の中腹にあり、庵をかこみて、林あり。林にはブナ、栗、ウルシ、松、さまざまの雑木、生い茂りて、昼なお暗き様なり。春には林中に野生の藤づる、紫の花をひらき、秋より冬にかけての栗の実、寂しき響きをたてて四散す。雨の夜など時折り身震いをなして溜れる雨を落す林の音に山人（＝狐狸庵山人、遠藤の自称――引用者注）は仰天して跳ね起きることも屢〻《しばしば》あり。林中に遊ぶ小禽《ことり》も数知れず。モズ、コジュケイ、ヤマバト、ウズラ、メジロなど庭に湧きいず泉に浴すさまは山人の無聊《ぶりょう》を慰む」

江戸の文人を少し気取って、そこを「狐狸庵」と呼んだわけであるが、実はそれが最初ではなかった。

「ここに庵を結ぶまで、私は渋谷、松見坂のほとりに同じく狐狸庵とよぶ草蘆《そうろ》を持っていた。松見坂は江戸名所図会にも描かれた場所であるが往時は清冽《せいれつ》なる流れと畠《はたけ》のみであった。しかるに、今はトラック、バス、タクシーの往復おびただしく、もはや住むべき地にあらねば、遠くこの柿生の里に居を移しささやかなる庵を結んだ次第である」

昭和三十年代初めまでは松見坂も静かな郊外と言えたが、オリンピックの東京大改造と共に、その「静かな郊外」の場が、さらに遠くへと移っていったのだ。

遠藤周作は柿生から小田急線で三つ目の所にある郊外都市町田を、日曜日ごとに散歩するのを楽しみにしていた。一月十一日の日記で彼は、続けてこう書いている。

「町田のメインストリートはこの二年ですっかり商店なども改築したけれども、路のなかにまだ昔の土の匂《にお》い、馬糞《ばふん》の臭《にお》いがまじっているようで、農具や種を売る店がパチンコ屋や婦人物の店の間にまじっているのが好きである」

「この二年ですっかり」と書いているように町田は（も）一九六〇年代後半から大きく変わっていった。町田市の人口は一九六〇年から一九八〇年まででで四倍以上にふくれ上がり、町田駅周辺は次々と再開発されていった。

普通の無個性な盛り場になってしまった今の町田を、日曜日、遠藤周作が散歩したなら、彼はどのような感想を抱くだろうか。

二〇〇六年一月二十二日掲載

明治四十五（一九一二）年二月一日

小泉信三

カフェで飲んだ本格「珈琲」

学校の講義にも気が乗らない。富本君が夕方から尋ねてくれたので一緒にカフェープランタンで晩飯を食った。なるべく方々に行って見ようと云うところから珈琲《コーヒー》はライオンでやった。『青年　小泉信三の日記』（慶應義塾大学出版会）

銀座最初のカフェ、「カフェ・プランタン」が日吉町（現・銀座八丁目）の国民新聞社前に開業したのは明治四十四（一九一一）年三月のことだ。

そして、その年の八月には尾張町新地（現・銀座五丁目）に「カフェ・ライオン」が、さらに十一月には南鍋町二丁目（現・銀座七丁目）の時事新報社の前に「カフェ・パウリスタ」がオープンし、作家や芸術家や文学青年らを中心にカフェブームが巻き起こる。

当時慶應義塾大学を卒業し同大学の教員になったばかりの小泉信三も、そういうブームに乗った青年の一人だった。

経済学を専攻しながら、彼は同大学文学部教授だった永井荷風や小山内薫と親しく、「カフェ・プランタン」は荷風ら『三田文学』の人々のたまり場でもあった。だから彼が一番愛用していたカフェは「カフェ・プランタン」であったが、「カフェ・パウリスタ」にも、オープン後しばらくしてきちんと顔を出している。

明治四十五（一九一二）年一月十九日の日記で彼はこう書いている。

「阿部（阿部章蔵すなわち作家の水上滝太郎のこと――引用者注）、久保田（万太郎――引用者注）の二人と小山内さんの時間が済んだあと、はじめてカフェーパウリスタと云う家へ行って見た。濃い強い珈琲だ。何だか恐ろしいような気がする。とにかくプランタンやライオンよりも甘い珈琲を飲ませる」

プランタンやライオンは酒場を兼ねていたけれど、パウリスタは純粋にコーヒー（ブラジルコーヒー）を売り物にしていた。

安藤更生は『銀座細見』（春陽堂、昭和六年）でこう書いている。

「それまでコーヒーと云へば角砂糖の中へ豆を焦がしたやうな粉を少しばかり入れた奴のほか、コーヒーらしいコーヒーなんぞなかつた。それすら余程ハイカラな家庭でなければ具《そな》へてなかつた。日本人がコーヒーに就いてカレコレ云へるやうになつたのは、何と云つてもこのパウリスタのお蔭《かげ》である」

だから、小泉信三の、「何だか恐ろしいような気がする」という感想は、きわめて正しかったのである（しかも、翌日、一月二十日の日記で彼は、「またカフェーパウリスタへ行った」と書いている）。

ところで、冒頭に引いた二月一日の日記で彼は、「学校の講義にも気が乗らない」と書いていたが、それには幾つかの理由があった。

その一つは女性問題であったが、さらに、「学問の事、慶應義塾の事、洋行の事などに干《かん》する理由の説明し難い不平がどうしても抑え切れなくなって、我儘《わがまま》の駄々児がむずかるように母の前でぐずってしまった」と一月二十八日の日記で書いている。

学者になってしまうと「読書にも一種の義務が伴随」してしまうが、彼にとって「読書の趣味はとても捨てる事は出来まい」。

それはつまりデカダンスであるが、そういうデカダン気分を満たしてくれる場が当時のカフェだった。

二〇〇六年一月二十九日掲載

虚無的「革命」の中の知識人

中井英夫

昭和二十一（一九四六）年二月四日

戦時中おほよそ無力、無為にして遂《つい》に一片の正義すら主張し得なかつた知識階級は、今日再びその無為をくりかへし、再び沈黙の日を重ねてゐる。「黒鳥館戦後日記」『中井英夫全集―8　彼方より』（東京創元社）

「沈黙」のかげで、彼らは、「虚無的な冷笑」をしている。

その理由を中井青年は五つあげている。

「一、戦時中の惰性。二、他力に依《よ》る革命。三、生活苦。四、文化運動の緒につかざる事。五、新しき政治勢力の安定せざること」

中でも問題になるのは二番目だ。

「全く他力に依る革命の中に住む身には、今更己の出る幕ではないといふ意識が充分にうかがはれる。見よ、ここかしこに集ひ群る大衆は、昨日と寸毫《すんごう》もかはる事なき日本臣民である」

　中井青年は、この一週間前の一月二十六日に日比谷公園で開かれた「野坂参三歓迎国民大会」に参加していた。

　野坂参三が亡命先の中国から十六年振りに帰国したのは一月十二日。そしてその前年（昭和二十年）十月十日には徳田球一や志賀義雄らの政治犯（かつての共産党の幹部たち）が釈放され、同年二十日『赤旗』が再刊、さらに十二月一日に日本共産党は合法政権として正式に再建されていた。

　一月二十六日の日記で中井英夫は、こう書いている。

「弁士は山川均1、水谷長三郎2、加藤勘十6、室伏高信4、徳田球一7、神近市子3、片山哲5、それに薄田研二の詩の朗読、藤田進の俳優同盟か何かのメッセエジ等々、青共のインタナショナル、新曲『同志野坂帰る』の合唱に始まる」

　名前のあとに記された数字は、登壇の順番を示しているが、つまり七番目の徳田球一がトリをつとめた。

「徳田球一は最後に立つたが、この間のニュース（たぶん獄中からの解放を知らせるニュース映画のこと――引用者注）に出たのは、全く猫をかぶつた姿だと知つた。その熱弁はよく千万の大衆をすら駆つて革命に走らしむる力を持つてゐる。久し振りに弁舌の魅力を感ぜさせられた」

それに対して肝心の野坂参三は。

「野坂参三といふ人は、個人として少しも力や熱のない、弁舌にしても舌足らずな、なまなかインテリ風な丈《だけ》、頼もしくない存在だ」

その頃、社会党の結成メンバーで、大正期の日本共産党創立時の理論的指導者でもあった山川均の呼びかけで、社共両党による「民主人民戦線」が結成されようとしていたから(結局は実現しなかったが)、この日の日比谷公園には社会党の人々もいた。

「社会党の連中は、司会の荒畑寒村にしてからが、鼻下にチヨビひげを生やし、壮士と云つた感じでいやらしい。いふことも声は大なるも、何等内容に意味を為《な》さぬ」

話を二月四日に戻すと、その日の日記で中井青年は、「残存せる反動勢力は、或ひは国体護持に名を藉《か》り……」と書いているが、まさにこの日、自由党の鳩山一郎総裁は、同党の緊急全体会議で、「天皇制を護持して行動せよ」と挨拶《あいさつ》し、「民主人民戦線」への不参加を表明していた。

二〇〇六年二月五日掲載

帝国憲法発布の日の暗殺

依田學海

明治二十二(一八八九)年二月十一日

きの夕《ママ》より雨ふり出たり。真夜中の頃《ころ》よりやゝやむやうなりしが、今朝起出て見れ、雪真白にふり出たり。『学海日録 第七巻』(岩波書店)

このように依田學海が書き記している「けふ」がどのような日であるかといえば……。

前日の日記を引いてみよう。

「明日憲法頒布の日なれば、東京市街戸毎《ごと》に紅燈・国旗をかけ渡し、或《あるいは》山車・舞車を用意するものあり。日本橋を過ぐるに、こゝには緑門を南北の詰に作り、宝祚《ほうそ》萬歳・国運無窮なんどの字を紅の実にて画き出したり。小学の生徒は君が代の歌及び神田道は角田某が製せる憲法発布の歌を歌ひて迎奉るよし聞えて、余が二女花枝・柳枝もともに出るとてさゞめき喜びあへり」

そう、この日、明治二十二(一八八九)年二月十一日、大日本帝国憲法が発布されたのである。

そういう記念すべき日に、あいにくの空模様だ。

ところが、「こは次わろき雪かなといふに、九時頃より雪やみ」、昼の二時過ぎには陽《ひ》も差してきた。

「斯《かか》れば満城鼓吹湧《こすいわく》が如《ごと》く、山車の声雷の轟《とどろ》くが如し。吾家の楼上より市街を下し見れば、往来の人曳《ひき》もきらず、殊に目を驚かせしは中学校の生徒なりき。憲法の巻物を旗の先につけたるものあり、或は宝祚萬歳としるしたる旗を立たるあり。剣と砲とを作りて、これ引ありくもあり、さまぐ〳〵の姿に変じてその前後につゞく。口々に君が代の歌を唱へて、萬歳々々といふ声かまびす（し――引用者注）きこと甚しかりけり」

この時大事件が起きていた。翌二月十二日の日記の書き出し。

「きのふ夕刻きゝぬ、森文部大臣刺客の為に傷を負ぬと」

そして學海は都新聞に載った同事件の記事を紹介しているが、彼は、幕臣出身でありながら、その能力や性格を買われ、東京会議所書記官や太政官などの官職についていたことがあるから（明治十八年五十一歳の時に文部省少書記官を最後に官界を退いた）、メディア（新聞）が伝える以上に詳細な情報を知っていた。

森有礼を暗殺した西野文太郎について、彼は、二月十五日の日記でこう書いている。

「文太身体小さく痩肉にて筋力に乏し。己が友どちと戯に腕推しなどするにいつも勝ちたること無き男なり。されども眼ざし世の常ならず、眉濃くしておそろしげなる処あり」

　西野はなぜ森の暗殺を思い立ったのか。

「嘗《かつ》て森文部大臣が伊勢の大廟《たいびょう》に至りしとき、履《くつ》を脱せずして殿上にのぼり、杖をもて御帳をかゝげたときゝて大に憤りしが、十一日の大典を行はるゝに、大臣これに連署するよしをきゝ、かゝる不敬の人を大典に列せしむるこそ口惜しけれと罵《ののし》り居たるに、この日朝、俄《にわか》に羽織袴を着て宿を出でたるが、遂に森を切害したりといへり」

　森有礼は鹿鳴館時代の欧化政策の推進者の一人として知られているが、この事件をきっかけに時代が「保守的反動」に向かっていったのを、例えば『明治大正見聞史』（中公文庫）の生方敏郎が証言している。

二〇〇六年二月十二日掲載

海軍病院の日常と硫黄島

野口冨士男

昭和二十（一九四五）年二月十五日

昨夜はなかなか寝就《つ》かれず、夜中にも何度か眼がさめてしまったので、今日は午前中をベッドの上にすごす。病院の日常もなかなか忙しく、眠る暇はない。（中略）夜、名古屋病院よりの転院者多数ありて、寝台に二人寝る。『海軍日記』（文藝春秋）

昭和十九（一九四四）年九月十四日、当時既に三十三歳だった作家の野口冨士男は、第二国民兵として海軍に召集され、横須賀海兵団に入団した。

いわば彼は帝国海軍の「最下級兵」だった。

そういう彼が密《ひそ》かに危険な行為をおかしていた。

「いうまでもなく、軍隊はとざされた世界である。どのような意図にもせよ、戦時下の軍隊という組織の中で、私のような最下級兵が日記をしたためようとすることは、そのこと自体、すでに無謀なくわだてであった。防諜という建前から、軍は極端なまでの秘密主義をとっていて、どれほど些細《ささい》な事実をも外部へはもらすまいとしていたからである」

例えばこのようにして彼は、その記録を残そうとした。

「ある程度まで記入が進行すると、私は一冊の手帳がまだ余白をのこしている場合でも、それを靴下の中へしのばせて外出し、面会に来た家族の者に留守宅へ持って帰らせて、また次の一冊にむかうようにしていた」

そうして生み出されたのが戦争ドキュメンタリーの傑作『海軍日記』（現代社、昭和三十三年、のち昭和五十七年に文藝春秋より復刊）だ。

元々体の衰弱していた彼は、昭和二十（一九四五）年二月五日、横須賀海軍病院に入院する。

病院の日常が「なかなか忙しい」というのは、掃除が「毎日六、七回もおこなわれ」、低熱患者であった野口は、「そのつどベッドから飛び起きて働いた」からである。だから「寝る暇」がなかったのだ。

「寝台に二人」とあるが、実は「二つのベッドを寄せ合せて三人で寝た」と単行本版で註記されている。

「そんなふうにして寝ていた私たち相互の身体の間隔は、随分せまいものでなければならなかった筈《はず》である。が、それにもかかわらず、私も向う側の患者も、中央の患者が絶息したことをまったく知らずに眠っていて、翌朝めざめてから驚いたことがある」

注といえば、また、「名古屋病院よりの転院者多数ありて」の部分に、野口はこのような注をつけている。「硫黄島帰りの患者がどっと入院して来たことを記憶しているが、たぶんこの時であったろう」

米国が硫黄島への砲撃を開始したのは同月十六日のことだから、もしかしたらこれは野口の記憶違いかもしれない。しかし続くこの部分は真実だろう。

「遺族の方方の心中を考えて、私はしばらく執筆をためらったが、やはり思い切って書いておくことにする。『巡検終り、煙草盆出せ（海軍用語で休憩を示す――毎日新聞編集部注）』という号令はこの病舎でも掛かったが、私はその時刻に煙草をすっていたとき、硫黄島帰りの兵長の一人に、硫黄島みたいな最前線にはバッタア（いわゆる精神棒による私的制裁――同）はないんでしょうと尋ねると、『冗談じゃない、毎日あったよ』と言下に応えられて自身の不明を恥じた」

二〇〇六年二月十九日掲載

浅草通いから「カツ丼」へ

永井荷風

昭和三十四（一九五九）年三月一日

日曜日。雨。正午浅草。病魔歩行殆《ほとんど》困難となる。驚いて自働車を雇ひ乗りて家にかへる。「断腸亭日乗」『荷風全集 第二十六巻』（岩波書店）

昭和三十四（一九五九）年、数え八十一歳となる永井荷風は、年が明けても、前年とまったく同じ生活パターンをくずさない。

昭和三十三年十二月三十日の日記。「晴また陰《くもり》。正午浅草」

同年十二月三十一日。「晴また陰。正午浅草。夜雨」

そして昭和三十四年一月一日。「雨。正午浅草」

同一月二日。「雪後晴天。風なく暖なり。正午浅草に徃《ゆ》きて飯す」

つまり彼は、毎日のように、千葉の本八幡にあった自宅から京成線に乗って浅草に向かった。

その目的が何かといえば。

同年一月三日の日記に、「晴。正午浅草アリゾナ」とあるように、浅草の洋食屋アリゾナで昼食をとることにあった。

荷風が初めてその店を訪れたのは昭和二十四（一九四九）年七月十二日。

「晩間浅草。仲店東裏通の洋食屋アリゾナにて晩食を喫す。味思ひの外に悪からず価亦《また》廉なり。スープ八拾円シチュー百五拾円」

最初は夜八時頃に訪れたが、やがて、いつも正確に昼十一時半に店に入り、彼の最晩年である昭和三十二～三十四年には、ほぼ毎日のように通った。食べる物は肉料理二品とビールで、同じメニューを十五日間続けるのが通例だった。

昭和三十四年二月の第一週の日記を引こう。

一日、「日曜日。晴。正午浅草」。二日、「陰。今にも降出しさうな空なり。正午浅草。幸に降られずに帰り得たり」。三日、「陰。正午浅草」。四日、「立春。陰。正午浅草」。五日、「晴。正午浅草」。六日、「陰。正午浅草」。七日、「陰。正午浅草」。

そういう生活が一変するのが同年三月一日だ。

アリゾナでの昼食中に荷風は発病し歩行困難となり、タクシーで帰宅する。この日が彼の最後の浅草行きとなる。

三月二日、「陰。病臥《びょうが》。家を出でず」。

三月三日、「晴。病臥」。

三月四日、「晴。病臥昨日の如《ごと》し」。

ようやく病の床から起き上がれたのは三月七日のことだ。その日の午後、彼は、近くの本八幡駅前の大黒屋（家）に行き、「一酌」した。

そして三月十一日からは、連日のように、「正午大黒屋食事」となる。

野口冨士男は『わが荷風』（講談社文芸文庫）でこう書いている。

「大黒屋は上野や押上《おしあげ》から行って京成八幡駅の左側のホームとほそい道路をへだてた真裏の食堂で、彼の住居からは徒歩一分である。その店で、彼は毎日カツ丼を食べた。来る日も来る日も、食堂のカツ丼ばかり食べた」

「大黒屋昼飯」という記述が最後に登場するのは四月十九日のことだ。

荷風のライフワーク『断腸亭日乗』は、「四月廿九日。祭日。陰」と結ばれる。彼が遺体となって発見されるのは翌四月三十日の午前八時十分頃のことである。

二〇〇六年三月五日掲載

大空襲という「世紀の喜劇」

添田知道

昭和二十（一九四五）年三月十二日

天気だけすばらしくよし、春なり。人には春がない。芽だち。いたづらに芽を摘むばかりならずや。芽を守らん術もないか。暗し。『空襲下日記』（刀水書房）

昭和二十（一九四五）年三月十日、東京の下町地区を中心に、カーチス・ルメイを司令官とするアメリカ空軍の大量のB29が、無差別絨《じゅうたん》緞爆撃を行った。演歌師で作家の添田知道は当時、東京・大森区（現大田区）馬込に住んでいた。

その日の日記を彼は、こう書き出している。

「いよいよ後続がのり込んで来たやうだ。空襲警報。既に東方の空赤し。出る。江東か、かなりひろい、焔々《えんえん》と燃えると見える、空、昼の如《ごと》く赤く、あたりの家壁をあかるくしてゐる。燃える空を、敵機悠々と飛ぶ。機音、高射砲音、四周に起こる。照空燈めぐる」

続いて添田は、「頭上、低く、悠々と北進する29。あっちにも、こっちにも、だ。情報、二十数機といふ。尚後続もあり。これはハデなものだ」と書いているが、実際この時の空襲に参加したB29の総数は三百三十四機という「ハデ」なものだった。

「29の腹が赤い。変った感じなり。火焔の反射なのだ。（中略）ちかちかと砲火。ひょろひょろと狼火《ろうか》のやうな火花があがる。（ロケット砲といふ）ぱっと赤らむと思へば、今度は青く、あかるむものあり。何やらわからぬ。火の海の右に、もくもくたる怪雲。震災の時の如き雲なり。はじめての夜間爆撃。先《ま》づこれまでの内での圧巻だ。正に戦場のこれは風景だ。叙すべきを知らず」

そんな中、添田は、近所に住む友人の山本周五郎の家を見舞いに行く（当時山本の妻は盲腸の疑いがあって臥《ふ》せっていた）。

「山本も此《こ》の上なしの条件下に立つ。昨日よりずっといゝ顔をしてゐる。底をついた覚悟なるべし。続婦道記の承認来て至急との速達ありしと。看病と仕事だ。仕事が出来るのは羨《うらやま》しい」

山本の長女きよも父親に似てしっかりしている。

「きよちゃん、昨夜疎開先より帰り、徹君（山本の二男――引用者注）のお守をしてゐる、と。きちんとなって帰り、食事にも合掌し、終へて合掌し、一々『はい』『はい』と立派なことらし。豆乳のつくり方を教へて、まアしっかりたのむ、といふ外なく、戻る」

三月十三日、添田は、下町の焼け跡を訪れる。浅草は、「国際焼け、観音見えず。本願寺残る」、さらに「淡島残り、観音堂すっかり。仲見世も焼け抜けてゐる」。

上野にまわると松坂屋が営業している。「婦人帽や薄いショールなど用のないものばかり売ってゐる。薬品部、これも必要なものはないやうだが、見て行くうちにエキホス（湿布剤の一つ——引用者注）を見つける。山本へいゝ見舞が出来た」

ところで二度目の大空襲ののち、五月三十一日の日記で、添田は、「神田への焼跡を見ながら水道橋まで来た時、ふと、をかしくなった。世紀の喜劇だ、と思った。これはアメリカがアメリカの植民地を焼いてゐるのだ」と書いているが、カーチス・ルメイが、戦後、航空自衛隊建設に貢献したという理由で勲一等旭日大綬章を贈られたのはよく知られた話である。

二〇〇六年三月十二日掲載

神社統廃合が損なったもの

南方熊楠

明治四十三（一九一〇）年三月十九日

午後中村啓次郎氏東京より電信毛利氏へ着、神社合祀《ごうし》問題に付質問書提出との事。ビール五本のみ、毛利氏を訪、安藤氏来る。夜共にビール飲、予大酔し二氏に送られ帰る。『南方熊楠日記　3』（八坂書房）

明治政府は宗教面からの中央集権化を促進するために、明治三十九（一九〇六）年五月に「府県郷村社ノ神饌幣帛《しんせんへいはく》料ノ供進ニ関スル」勅令を、さらに八月に「神社寺院仏堂合併跡地ノ譲与ニ関スル」勅令を公布した。そして内務省の示した判断に基づき、例えば和歌山県では十二月に「神社ノ存置竝《ならびに》合併標準」という通牒《つうちょう》が発令された。

つまりこれによって、従来の神社は統廃合され、「一町村一社」が原則となった。

このことに強く怒ったのが在野の民俗学者の南方熊楠だった。

彼は友人である和歌山県選出の代議士中山啓次郎を通じて、その反対運動を展開した。

明治四十三（一九一〇）年三月十八日、中村啓次郎は、このような質問主意書を提出した。

「神社合祀ハ国民ノ敬神思想ヲ損シ、国民ノ愛国心ヲ傷ケ、国民ノ慰安ヲ奪ヒ、又科学、考古学、史学ノ参考資料ヲ失フモノナリ、何故ニ政府ハ速ニ地方ニ訓令シテ神社合祀ノ挙ヲ中止セシメサル乎《か》」

この日の質問はまだ軽いジャブのようなものだった。

南方熊楠の日記の、同年三月二十五日の項に、「中村啓次郎氏より官報号外送り来る。二十三日衆議院にて氏の神社合祀に関する再質問演舌を読む」とあるように、中村啓次郎がこの事を本格的に追求したのは三月二十三日の衆議院本会議においてだった。この日の中村の質問演舌について、熊楠は、友人の松本任三に宛《あ》てた書簡の中で、「これは小生が起草して中村氏が整頓《せいとん》したるを演説せしものに候」と述べている。

神社合併に対する南方熊楠の反対理由については、まさに「神社合併反対意見」と題する評論で彼自身が詳述している。

この評論は明治四十五年（一九一二）年四月から六月にかけて雑誌『日本及日本人』に連載されたものであるが、「昨年六月までに、三重県は五千五百四十七社を減じて九百四十二社、すなわち在来数の七分一のみを存し、和歌山県は、昨年十一月までに三千七百社を六百社、すなわち従前の六分一ばかりに減ぜり」と熊楠は記録している。

統廃合され整理された神社は民有地となり、神木の伐採が可能になった。だから例えば、ある神官が「地方の有力者と共謀し、十六万円借用の証文を偽造し、さきに民有に帰せる那智の元国有林を伐《き》り尽して、三万円の報酬を得んと謀り、伐木にかかる一刹那《せつな》、検挙されたる」事件も起きた。

「かくのごとく合祀厲行《れいこう》によって、奸民《かんみん》手付金を置き廻《めぐ》りて、神林大方伐り荒らされ、さしも名高かりし木の国も木の国ならず、土崩れ山壊れ、洪水風害もって常時となすに至り、少数人の懐を肥やすために、村落は日を逐《お》いて凋落《ちょうらく》し行けり」

熊楠はまた、神社の「合祀は愛郷心を損ず」と述べている。なぜなら、「古来神社はみな土地と関係あり、合祀しおわればすなわち土地と関係なき無意味のものとなる」のだから。

二〇〇六年三月十九日掲載

文学青年から受けた刺激

樋口一葉

明治二十六（一八九三）年三月二十五日

我が誕生日なればとて赤のめしなどたく「よもきふにつ記」『樋口一葉作品集 第二巻』（創元社）

この日は樋口一葉の満二十一歳の誕生日だった（ただし彼女の生まれた明治五年はまだ旧暦で、旧暦の三月二十五日は新暦に直すと五月二日になる）。

前年（明治二十五年）の十一月、歌塾「萩《はぎ》の舎《や》」で同門だった三宅（旧姓田辺）花圃《かほ》の紹介で当時の有力文芸誌だった『都の花』に小説「うもれ木」を発表した一葉は、徐々に文学の世界で知られる存在となっていた。

実際、この四日前、明治二十六（一八九三）年三月二十一日の日記は、「午後文學界の平田といふ人訪《と》ひ来たれり」、と書き出されている。

妹の国子（邦子）に取り次ぎさせて、年輩の人かと問いただすと、「まだいと若き人なり」という返事だった。

それは平田喜一（禿木《とくぼく》）という日本橋に住む第一高等中学の学生で年は彼女より一つ下だった。

何の用があって来たのですか、と軽率に切り出すことも出来ず、適当な話を少ししはじめたら、その青年は無口で暗く思慮深げだったけれど、「さりとて人がらの愛敬《あいきよう》ありなつかしき様」をしていた。

禿木が言うには、一葉の小説「雪の日」を彼らの同人誌『文學界』の創刊第二号に載せるはずだったけれど原稿が集まり過ぎたので次号廻《まわ》しにする。そのことのおわびに来たのだという。

さらに続けて禿木は、桜の咲く頃までにまた新作をいただきたい、と言った。

一葉は、「もしつゞることが出来なば」とこたえ、さらに続けて、さりげなく、（彼女のライバルである）「花圃ぬしは二号に何か出し給ひしや」と禿木に問いただしてみると、禿木は、「出し給へり、筆のすさびとて和歌のことにつきて陳《の》べ給ふ処ありき」とこたえた。

あなたの所に『文學界』は送られていませんか、と禿木は言葉を続けた。

それに対して、「一号を拝見したるのみといへば、さらば直《すぐ》に送り参らせん、花圃君は此《この》ごろしきりに女学雑誌に筆ふるひ給ふなり、多くはほんやくものなれど物かく筆の前かたよりはいたくかはり給ひし様なりなどいふ」。

そうこうする内に、二人はだいぶ打ちとけてきて、「今の世文士のこと文学の有さまなど」の話題で盛り上がっていった。二人が共に好きな作家は幸田露伴だった。

その日のことをのちに平田禿木は『文學界前後』（四方木書房・昭和十八年）でこう回想している。

「座敷へ通ると、女史は地味とも何とも云ひやうのない、くすんだ服装で現はれ、八畳の広間の一隅へ遠く離れて端坐し、低い声で言葉も絶え絶えに、いとつゝましやかに応対されるのであつた。その時自分は何を喋《しゃべ》つたか今覚えないが、『文學界』一統をそれとなく代表して、一同が雑誌へ書いてゐたやうなことをおさらひして、一点の霊火を女史の胸裡《きょうり》に点じたことは疑ひない」

これは禿木のただのうぬぼれではなかった。

二〇〇六年三月二十六日掲載

荷風とロッパの「2・26」――連載を終えて

「日記から」の連載を終えて、その「あとがき」のようなものを、というのが編集部からの依頼である。

　この連載を始めるに当たって、私は、いくつかのしばり、すなわちルールを作った。

　一回一回の分量は短いから、そういうしばりを作ることによって、それぞれの回を連環的につなげていこうと考えた。

　それから私は、自分になんらかのしばりを課することが好きなのだ。特に連載の場合、そうしないと厭《あ》きてしまうのだ。

「50人、50の『その時』」というタイトルがそのしばりだった。

　五十回の連載で、登場させる人物を毎回変えて行く。そして、その原稿が載る紙面の日附けの前後数日（できれば当日）の日記を紹介する。

　これが私の決めたルールだ。

　例えば永井荷風や古川ロッパのように膨大な量の日記を書き残している人も一回しか登

場出来ない。そのタイミングを選ぶのが腕の見せ所だ。

それはまるでパズルのようで、実際、最初の内はそのパズル（予定表）を作るのが大変だった。

残り十数回となった所で完璧《かんぺき》な表が出来上がった。

ところがここで思わぬアクシデントが起こった。

紙面の都合（たしか冬季オリンピックの関係だったと思う）で、連載が一回休載となったのだ。

しかもそれは二月二十六日の回だった。

今年はちょうどあの「二・二六事件」から七十周年に当たる。

私はもちろん「二・二六事件」がらみの日記を紹介しようと考えていた。

その幻の回は幻として（誰が登場するはずだったかは秘密）、良い機会だから、ここに永井荷風と古川ロッパ、日記界のこの二人の巨人の「二・二六」の日の日記を紹介したい。

友人からの電話で、午後二時頃、麻布の自宅でその報を受けた荷風はクールである。

「余が家のほとりは唯降《ただふ》りしきる雪に埋れ平日よりも物音なく豆腐屋のラッパの声のみ物哀れに聞るのみ。市中騒擾《そうじょう》の光景を見に行きたくは思へど降雪と寒気とをおそれ門を出でず。風呂焚《た》きて浴す」

古川ロッパは東京・砧《きぬた》の撮影所で知らせを聞いた。

「八時きっちり、砧を出る。渋谷からの環状道路にタンク出動物々しい、ラヂオのニュースきいたらやっぱり事件はほんとだった。恐ろしい世の中だ、だが日本人は偉いとこあるなア」

荷風やロッパと並ぶ長篇日記の書き手である高見順（一九〇七〜六五）の昭和十一（一九三六）年の日記は、二月九日のあと三月十七日までとんでいる。

その三月十七日の日記で、高見順は、「俺《おれ》は俺の生涯をかけて、俺自身を呪ってやるぞ！」と自分の事しか書いていない。それがかえって興味をそそられる。

二〇〇六年四月二日掲載

初出　毎日新聞

坪内祐三（つぼうち・ゆうぞう）

一九五八年（昭和三十三）年五月八日東京都渋谷区本町に生まれ、三歳から世田谷区赤堤に転居。早稲田大学文学部、同大大学院修了。『東京人』編集部を経て、書評、評論などの執筆活動に入る。九七年（平成九年）、『ストリートワイズ』でデビュー。『慶応三年生まれ 七人の旋毛曲り』で講談社エッセイ賞を受賞。二〇二〇（令和二）年一月十三日、心不全のため急逝。主な著書に『靖国』『探訪記者 松崎天民』『玉電松原物語』『文庫本千秋楽』『昼夜日記』『本の雑誌の坪内祐三』などがある。

日記から　50人、50の「その時」

二〇二四年六月三〇日　初版第一刷発行

著　者　坪内祐三
編　集　杉江由次
発行人　浜本茂
発行所　株式会社本の雑誌社
〒一〇一-〇〇五一
東京都千代田区神田神保町一－三十七　友田三和ビル
電話　〇三（三二九五）一〇七一
振替　〇〇一五〇－三－五〇三七八
装　丁　松本孝一
印刷所　モリモト印刷株式会社

定価はカバーに表示してあります。
ISBN978-4-86011-491-6　C0095